缓解中国商业银行金融排斥小微企业研究：基于互联网软信息成本角度

Ease SMEs's financial exclusion from commercial bank in China: from the perspective of internet soft information cost

苏 静

西南财经大学出版社
Southwestern University of Finance & Economics Press

中国·成都

图书在版编目(CIP)数据

缓解中国商业银行金融排斥小微企业研究:基于互联网软信息成本
角度/苏静著.—成都:西南财经大学出版社,2021.6
ISBN 978-7-5504-4863-6

Ⅰ.①缓… Ⅱ.①苏… Ⅲ.①中小企业—企业情报—影响—商业
银行—银行业务—研究—中国 Ⅳ.①F832.33

中国版本图书馆 CIP 数据核字(2021)第 081491 号

缓解中国商业银行金融排斥小微企业研究:基于互联网软信息成本角度
Huanjie Zhongguo Shangye Yinhang Jinrong Paichi Xiaowei Qiye Yanjiu:Jiyu Hulianwang
Ruanxinxi Chengben Jiaodu

苏静 著

责任编辑:廖韧
封面设计:杨红鹰 张姗姗
责任印制:朱曼丽

出版发行	西南财经大学出版社(四川省成都市光华村街 55 号)
网 址	http://cbs.swufe.edu.cn
电子邮件	bookcj@swufe.edu.cn
邮政编码	610074
电 话	028-87353785
照 排	四川胜翔数码印务设计有限公司
印 刷	四川五洲彩印有限责任公司
成品尺寸	148mm×210mm
印 张	5.375
字 数	133 千字
版 次	2021 年 6 月第 1 版
印 次	2021 年 6 月第 1 次印刷
书 号	ISBN 978-7-5504-4863-6
定 价	48.00 元

前言

随着经济的发展，社会融资总量的扩大，金融对经济的作用逐渐从媒介渗透转向融合主导。金融对地区、企业和个人的成长、发展起到了不可替代的作用。然而金融对经济资源的配置并不是均等地分布在每一个区域空间，满足所有企业和个人的金融需求，而是有所偏好地选择服务其中一部分，拒绝其余需求，这种现象就是所谓的"金融排斥"。目前以小微企业融资难、融资贵为表现形式的金融排斥对我国社会经济发展造成了一定程度的不良影响，属于党的十九大报告指出的"发展不平衡不充分的一些突出问题尚未解决，发展质量和效益还不高"在金融领域中的重要表现。尽管金融改革要求"增强金融服务实体经济能力"，政府也屡屡出台政策要求商业银行降低对小微企业的金融排斥，但收效并不显著。

造成商业银行金融排斥小微企业的因素很多，如社会的民主程度、经济的周期性波动、金融体系的完善程度、金融机构的偏好和小微企业自身的风险多样性等，各因素之间关系错综复杂，因此解决小微企业金融排斥是一个非常庞大的系统工程，本书使用"缓解"而非"解决"一词也是想说明解决商业银行金融排斥小微企业的难度很大。现有文献对商业银行金融从供给端到需求端的环节进行了大量的研究，从不同角度强调制度和资金对缓解小微企业金融排斥的重要作用。然而连接供给和需求的除了制度、资金的要求外，还有信息方面的支持，已有文献在这方面的研究却比较薄弱。因此，本书将从信息角度入手分析供给与需求之间的错配。

长期以来，商业银行只选择为大企业、大项目服务，小微企业作为"长尾客户"一直受到其排斥，根源在于商业银行主要依靠硬信息来识别企业风险。因为硬信息是确定的，易于理解计算，使用成本低，而小微企业恰好缺乏硬信息，硬信息这块信息短板将小微企业从商业银行的客户范围中排除。软信息由于不易量化、加工解读复杂、搜集使用成本高等问题很少被商业银行使用。随着互联网对经济生活的渗透，整个社会的数字化程度提高，社会进入信息时代，全社会的信息成本降低。在新的技术环境下，商业银行的信息处理能力增强，商业银行收集小微企业软信息的成本大幅下降。商业银行对小微企业的金融排斥能否得到缓解，商业银行如何进行制度创新和技术创新，如何挖掘价值洼地，如何创造新的利润来源，对这一系列问题的研究具有重要的理论价值及实践意义。

本书在现有理论和文献的基础上，综合金融学、信息技术学、管理学、心理学等学科的理论方法和研究成果，使用文献研究法、定性定量分析法、案例分析法等研究方法，从软信息成本角度对小微企业金融排斥的缓解思路进行系统研究，主要分析小微企业金融排斥的产生背景、演化机理、缓解机制和缓解对策等。研究结论如下：

　　（1）金融排斥是动态变化的，不同社会经济背景下小微企业受到的金融排斥不同，并存在特定的演化过程。首先，横向对比国内外小微企业金融排斥的产生背景，笔者发现发达国家小微企业金融排斥主要是市场筛选的结果，是金融机构追求稳定利润、规避风险的理性选择；我国小微企业金融排斥主要是金融机构数量少、信贷市场垄断的产物，是商业银行享受制度红利而忽视小微企业金融需求的结果。因此我国小微企业面临的金融排斥更严重，治理方法也更复杂和困难。其次，从社会历史观的纵向视角研究小微企业金融排斥的演化趋势，笔者发现经济发展水平和软信息成本是影响金融排斥的关键。经济发展水平与金融排斥存在库兹涅茨效应，金融排斥指数随着经济发展水平的提高先上升后下降。软信息成本和金融排斥正相关，因此，通过特殊的制度安排、技术手段降低软信息成本，可以降低小微企业金融排斥程度。我国小微企业金融排斥演化趋势的实证分析结果也表明，目前阶段我国经济发展水平提高会使金融排斥程度上升，而软信息成本降低则能使其显著下降。

（2）降低软信息成本，是缓解我国商业银行金融排斥小微企业的重要思路。从我国商业银行的偏好来看，小微企业不属于能够为其带来利润的正常客户范围。然而案例研究发现，小微企业贷款并不是"有毒资产"，小微企业业务价值取决于商业银行的贷款技术及其风险管理能力。目前，我国商业银行信贷审批主要依靠硬信息，忽略软信息的价值，而小微企业的最大特点是硬信息数量少、质量差。硬信息和软信息是互补的，二者都能反映企业的风险水平。当硬信息缺乏时，要识别企业风险，就必须通过软信息来实现。真正体现小微企业风险的并不是企业的硬信息，而是有关企业家才能、企业社会资源、产品的市场认可度等软信息。因此，如果不能通过软信息弥补信息不对称问题，小微企业受到这种系统性、机制性的金融排斥的问题就很难有实质性改善。我国商业银行不愿意使用小微企业的软信息的重要原因是软信息收集和使用成本太高。如果能通过某种技术手段降低软信息收集和使用成本，商业银行将可能使用软信息识别风险，放松硬信息对贷款要求的约束，将小微企业纳入其交易可能性集合，从而降低对小微企业的金融排斥。

（3）利用软信息识别小微企业信用风险是缓解小微企业金融排斥的理论前提和操作基础。信用风险来自还款能力和还款意愿，前者主要依靠硬信息评估，后者完全使用软信息判断。小微企业硬信息数量少、质量差，这使硬信息的风险识别功能大打折扣。因此，要正确识别小微企业风险就要将硬信息和软信息结合使用。其中，软信息内容涵盖企业主人品与声望、年龄、文化修养、家庭背景、社会资源、性格特点、生活习惯、兴趣爱好、社会评价，以及企业员工素质、产品质量状况、企业信誉、行业竞争状态、产业政策等。度量小微企业信用风险需要借鉴以软信息为主要输入变量的定性分析法和以硬信息为主要输入变量的定量分析法。选择以软信息和硬信息同时为输入变量的混合分析法，能够增加借款人的信息维度，可以提高信用评估的全面性；能够拉长信息的有效时间长度，增强信用评估的稳定性；能够达到了解"较多人的多面性"的目的，克服定性分析法"较少人的多面性"和定量分析法"较多人的单面性"的局限。实证分析也进一步验证了软信息在揭示信用风险方面的重要作用。

（4）利用互联网技术降低软信息成本是商业银行缓解小微企业金融排斥的重要措施。互联网技术以信息为作用对象，在信息的互联互通、挖掘、加工和贮存等方面具有其他技术不可比拟的功能和优势。互联网技术降低小微企业软信息成本的程度主要取决于商业银行处理小微企业软信息的规模，互联网技术处理小微企业软信息具有规模经济效应，并且边际成本递减。如果处理小微企业软信息的规模大，则利用互联网技术就可以大幅度降低单位小微企业的软信息成本。如果处理的小微企业软信息规模小，则利用互联网技术的成本优势并不明显，甚至还会使软信息成本增加。同时，互联网技术通过缩小小微企业存贷利差和无风险利差将使商业银行的信息收益下降，从而使商业银行的盈利水平随着互联网技术的不断提高，先下降后上升，最后长期保持在低位。采用互联网技术降低软信息成本是商业银行在新的信息环境下所做出的理性选择。大数据时代，信息成为潜在利润来源，挖掘潜在客户的软信息对各个行业都具有重要的战略价值，商业银行需要重新调整营利模式，权衡长远发展和短期利益。

苏 静

2021 年 1 月

目录

1 导论

1.1 选题背景、研究目的及意义

1.1.1 选题背景

（1）党的十九大报告指出："我们的工作还存在许多不足，也面临不少困难和挑战。主要是：发展不平衡不充分的一些突出问题尚未解决，发展质量和效益还不高。"总体来看，我国经济流动性充裕，但小微企业却长期受到商业银行的金融排斥，小微企业获得的金融资源与其对经济的贡献度不相匹配，对小微企业的金融排斥已经对社会经济产生了一定的不良影响。虽然政府三番五次出台政策要求商业银行降低对小微企业的金融排斥，但收效并不显著。小微企业是国民经济发展的生力军，在稳定增长、扩大就业、促进创新、繁荣市场和满足人民群众需求等方面发挥着极为重要的作用。据国家统计局发布的《第四次全国经济普查系列报告之十二》（2019），2018 年年末，全国共有中小微企业法人单位 1 807 万家，占全部规模企业法人单位的 99.8%；吸纳就业人员 23 300.4 万人，占全部企业就业人员的比重为 79.4%；拥有资产总计达到 402.6 万亿元，占全部企业资产总计的 77.1%；全年营业收入达到 188.2 万亿元，占全部企业全年营业收入的 68.2%。但中小微企业吸收的银行贷款却与其规模不符，大概不到全国总贷款额的四成；并且融资成本高，贷款利率通常会在基准利率上上浮 20%以上，最高上浮可达 60%，还要额外支付一定比例的财务顾问费、银行承兑汇票手续费、承诺费等。同时，为了满足抵押担保条件，小微企业还需向中介机构缴纳一定的担保费和资产评估费等费用。高昂的融资成本加重了小微企业的经济负担，压缩了小微企业本就薄弱的利润空间。小微企业融资难、融资贵对社会经济产生了一定的不良影响，如就业率降低、居民收入水平下降、居民生活质量降低、经济市场萧条、社会不稳定因素增加，同时也影响宏观经济调控的效果。

（2）党的十九大报告提出"深化金融体制改革，增强金融服务实体经济能力"。金融是国家配置经济资源的重要手段，一个良好的金融体系能够引导庞大的、无序的、闲散的社会资金流向那些使用效率最高的企业和个人，从而提高整个社会生产力和福利水平。然而金融在经济发展中日益表现出与实体经济脱离的趋势，金融逐渐呈现出自我循环和自我膨胀的特征（曾康霖，2002）。首先，大量金融资源进入股市和楼市，金融游离于实体经济，形成资产价格泡沫，干扰了正常的价格体系，加大了金融监管和调控难度，影响了宏观经济的平稳运行。其次，金融服务存在"二元"现象。金融机构偏向为大企业、大项目、高净值客户提供服务，而小微企业、"三农"、低收入者的正常、合理的金融需求得不到满足，而后者对于稳定实体经济发展、促进市场繁荣创新、提高人民生活水平具有更突出的贡献。同时，金融服务还存在市场盲点，面向农村地区、欠发达地区的金融体系发展薄弱，削弱了金融发展对缓解贫困、缩小地区差异的效应。最后，金融创新不能体现实体经济的变化，金融机构主要为"高、大、上"的客户服务；对于其他类型的客户，金融机构不能合理定价，开发出具有针对性的、市场特色的多样化产品和服务；金融体系尚未随着经济发展和市场需求的变化及时调整产业结构。

因此，国家提出金融供给侧结构性改革，要求金融必须为实体经济服务，优化金融对社会经济资源的配置作用：一是经济去杠杆、去泡沫，进行适度的产融结合；二是发展包容性的金融体系，减少对贫困地区和弱势群体的金融排斥；三是根据可持续发展原则，为实体经济中不同风险类型的客户开发不同价格的金融产品和服务等。商业银行作为政策调控的主要对象，如何落实金融改革服务实体经济，如何权衡潜在风险和预期收益等都是需要面对的问题。

（3）互联网降低了金融业的信息收益和信息成本，动摇了商业银行的盈利来源。随着互联网对整个社会的渗透，互联网压缩了很多行业的中间环节，实现了去中介化。交易双方可以直接在网上交流，信息透明度提高，交易双方的信息成本下降。互联网同时使得以占有并利用特定信息为主要盈利来源的行业的信息收益大幅下降，如新闻、音乐、图书、影视等。金融业也是一种信息行业，受到互联网的渗透，信息收益也随之下降，但相比以上几种行业，互联网对金融业的影响程度相对较小。其主要原因有三点：第一，金融业的专业性很强，对金融信息的加工、解读、使用需要具备一定的专业背景，认识水平的有限性使一般互联网用户的信息成本并未大幅下降；第二，金融业具有较高的风险，金融业是经营与管理风险的行业，其风险偏好和风险容忍度超出了一般互联网用户的接受范围，用户普及度不及其他行业；第三，金融业关系到社会经济的健康稳定运行，是国家监管最严、开放最慢的行业，用户所得的信息收益不能随心所欲地提高，而受到一定的政策监管。因此，总体来讲一般互联网用户所获得的信息收益小于所付出的信息成本，这是互联网对金融的影响小于其他行业的根本原因。用户利用金融信息获利，需要花时间学习和积累市场经验，这为商业银行在互联网时代进行技术创新和制度创新争取了缓冲时间。

然而，互联网仍然降低了金融业的信息收益和信息成本，从根本上动摇了商业银行的盈利来源，商业银行的生存基础受到严重的挑战。这对钟情于大中型企业、以存贷利差为主要利润来源的我国商业银行产生致命打击，商业银行的发展逻辑和盈利模式必须适时调整。大数据时代，信息成为潜在利润来源，如何挖掘潜在客户的软信息对各个行业都具有重要的战略价值。商业银行如何在长远发展和短期利益之间找到平衡点，是在新的信息时代需要迫切研究的课题。

1.1.2 研究目的及意义

在小微企业融资难、融资贵成为普遍现象，金融改革要求金融必须服务于实体经济，互联网动摇商业银行盈利来源的三大背景下，本书聚焦我国商业银行对小微企业的金融排斥，研究在信息社会时代商业银行如何缓解对小微企业的金融排斥。互联网技术降低了全社会的信息成本，使商业银行收集小微企业软信息的成本大幅下降。在新的技术环境下，商业银行的信息处理能力增强，商业银行对小微企业的金融排斥能否缓解，商业银行如何进行制度创新和技术创新、挖掘价值洼地、创造新的利润来源，对这一系列问题的研究具有重要的理论价值及实践意义。

（1）本书将小微企业纳入金融排斥的研究范围，通过新的视角，从降低软信息成本角度解读商业银行缓解小微企业金融排斥的内在机理，丰富了金融排斥的相关理论。已有文献关于金融排斥的研究主要集中在家庭、个人和区域层面，以期通过提供某些金融产品和服务，降低弱势群体的服务门槛，改善低收入者乃至低收入家庭的福利水平，提高区域经济的发展质量，促进社会经济协调发展。但是在发展区域经济、提高个人收入中扮演重要角色的企业却很少被纳入研究范围。所以，学术界在金融排斥的研究对象中存在经济单位结构的断层现象，这和当今社会普遍存在的小微企业融资难问题不符。因此，本书尝试将小微企业纳入金融排斥的分析框架，试图为完善有关金融排斥的理论体系增砖添瓦。

小微企业受到商业银行的金融排斥是多种因素造成的，因而其缓解措施也是多种多样的，没有一种"放之四海而皆准"、可以完全化解金融排斥的手段。每种措施都基于特定视角和技术手段，存在一定的适用条件。关于小微企业金融排斥的缓解措施，现有文献从宏观政策、中观金融体系到微观小微企业和商业银行等不同层面进行了大量的研究：宏观政策层面是想从顶层设计入手，通过有形之手进行宏观布局，消除小微企业金融排斥的制度性障碍；中观金融体系层面是想打破现有商业银行的垄断局面，增加金融资源供给主体数量，健全金融配套服务，完善金融结构体系，优化小微企业融资的生态环境；微观小微企业层面是想通过提高小微企业自身的能力和素质，达到商业银行的贷款资格，进入商业银行的服务门槛；微观商业银行层面是想通过提高贷款技术，增加金融产品种类以满足小微企业多元化的金融需求。由此可见，关于小微企业金融排斥的缓解措施，现有文献从供给端到需求端进行了大量研究，从不同角度强调制度和资金对于缓解小微企业金融排斥的重要作用。然而连接供给和需求的除了制度、资金的要求，还有信息方面的支持，目前文献在这方面的研究却比较薄弱。因此，本书从信息角度入手分析供给与需求之间的错配，并进一步将信息区分为软信息和硬信息，侧重从软信息成本视角分析小微企业金融排斥的缓解机理，这一研究角度拓宽了小微企业金融排斥缓解措施的理论视野，对完善金融排斥理论和小微企业融资理论具有重要的学术价值。

（2）本书系统地建立了一个关于缓解商业银行金融排斥小微企业的分析框架，为解决小微企业融资难题提供新的思路，有助于增强金融服务实体经济的能力，缓解金融领域的发展不平衡不充分问题；为商业银行在新的金融生态环境下优化商业模式、提高市场竞争力提供政策参考；同时也为践行"互联网+"提供注解。

近年来小微企业融资难、融资贵问题在我国表现得越来越突出，虽然国家出台了支持发展小额信贷机构等方面的相关政策，但是若没有商业银行的深度参与，很难从根本上改变这一现状。软信息成本过高是商业银行金融排斥小微企业的重要原因，先进的信息技术可以有效降低商业银行的软信息成本，目前以大数据、云计算、区块链、物联网为代表的互联网技术对社会经济生活产生了颠覆性影响，互联网技术降低了整个社会的信息成本。因此，通过降低商业银行软信息成本有望成为缓解我国商业银行金融排斥小微企业的重要途径，这为减轻我国经济社会中普遍存在的小微企业融资难问题提供了新的思路，具有重要的现实意义。

另外，在新的信息环境下，金融业的信息收益和信息成本下降，商业银行的盈利来源和生存基础将受到一定程度的挑战。虽然目前来看，互联网对商业银行的影响有限，但随着金融生态环境的改变，商业银行的发展逻辑和盈利模式必须适时调整。因此，在这种技术背景下选择研究软信息成本与小微企业金融排斥及商业银行盈利模式之间的逻辑关系，对于商业银行科学理解小微企业的价值具有重要的参考意义，同时也有助于商业银行重新调整客户结构、重新审视商业模式，为推动商业银行转型升级提供政策建议。

2015年两会期间李克强总理提出"互联网+"行动计划，要求将互联网技术与现代制造业结合，促进电子商务、工业互联网和互联网金融健康发展。依靠现有市场规模，借政策之东风，互联网金融发展得风生水起。以电商小贷、众筹为代表的互联网金融采取有别于商业银行的客户信息鉴别思路、方法和数据，使交易双方信息不对称性逐渐弥合，对商业银行依靠信息不对称来赚取中介费用的商业模式构成威胁。目前，商业银行在资产端、负债端、中间业务端均受到互联网金融不同程度的影响。互联网金融在给商业银行带来挑战的同时，也为金融体系注入了新理念、新思路和新变量。本书在研究过程中也借鉴了互联网金融的这些闪光点，试图通过互联网技术降低商业银行收集使用小微企业的软信息成本，以此缓解商业银行对小微企业的金融排斥，为践行"互联网+"提供了注解。

1.2　研究内容与思路框架

1.2.1　研究内容

本书按照金融排斥、金融排斥小微企业、我国商业银行金融排斥小微企业、缓解我国商业银行金融排斥小微企业的逻辑思路展开研究，主要内容如下：

第1章导论，提出选题背景、研究目的及意义。

第2章文献综述，找到研究对象、研究角度及研究思路。

第3章小微企业金融排斥的产生背景和演化趋势，首先分析我国小微企业和国外小微企业金融排斥的产生背景，说明金融排斥的动态性，同时指出我国小微企业金融排斥的严重性和复杂性；其次从社会历史观的纵向视角研究小微企业金融排斥的演化趋势，发现经济发展水平和软信息成本是影响趋势的关键；最后对这一趋势进行了实证研究，研究表明目前阶段经济发展水平提高会恶化我国小微企业金融排斥，而软信息成本降低能使其显著降低。

第 4 章我国商业银行金融排斥小微企业的内在逻辑与小微企业业务价值研究，从偏好和偏好形成机制分析商业银行金融排斥小微企业的内在逻辑，发现在现有贷款技术下，小微企业金融排斥是一个难以从根本上打开的死结。然而研究富国银行、民生银行和蚂蚁集团的小微业务经验，本章发现小微业务具有很高的投资价值，能够带来可观的经济利润。本章最后对我国商业银行包容小微企业提出了相关启示。

第 5 章软信息成本缓解我国商业银行金融排斥小微企业的模型研究及政策建议，首先从软信息的角度分析商业银行的信贷审批机制及其风险管理方法；其次从软信息成本角度论证缓解小微企业金融排斥的突破口，并建立商业银行交易可能性集合模型，通过严密的数理推导进一步厘清软信息成本在缓解金融排斥中的重要地位；最后提出相应的政策建议。

第 6 章软信息与小微企业信用风险识别和度量，首先从还款能力和还款意愿方面分析小微企业信用风险的来源；其次研究小微企业信用风险的识别机制，通过案例分析发现要识别小微企业风险就要将硬信息和软信息结合使用，尤其要充分发挥软信息的作用；再次通过对比分析不同的度量方法，得出同时以软信息和硬信息作为输入变量的混合分析法适合分析小微企业的信用风险特点；最后通过实证分析验证了软信息在揭示小微企业信用风险方面的重要作用。

第 7 章互联网软信息与商业银行盈利模式，首先详细论证互联网技术对降低软信息成本的作用机理；其次分析互联网技术对商业银行盈利水平的影响，研究发现商业银行盈利水平随着互联网技术的不断提高，先下降后上升，最后长期保持低位，这是商业银行在新的信息环境中做出的理性选择；最后通过案例分析发现商业银行使用互联网技术对缓解小微企业金融排斥具有技术可行性、经济可行性、操作可行性。

第8章研究结论与展望，对本书研究进行了总结，并对未来的研究方向做出了展望。

1.2.2 思路框架

本书思路框架见图 1-1。

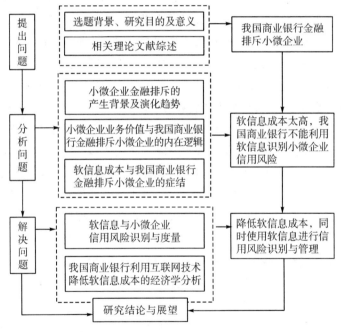

图 1-1 本书思路框架

1.3　核心概念界定

1.3.1　商业银行

区别于美国以金融市场为主导的金融体系，我国金融体系是以金融机构为主导的，其中金融机构构成又以商业银行（国有商业银行、股份制商业银行、城市商业银行、民营银行）为主，其资产占我国金融机构金融资产的70%以上。因此要缓解小微企业金融排斥，如果没有商业银行广泛深入的参与，小微企业融资状况将不会获得实质性改观。因此，本书选择商业银行作为缓解小微企业金融排斥的实施主体，同时排除两类商业银行：一是排除互联网技术水平低的商业银行。本书中的商业银行不是指按资产规模大小来划分的大、中、小型商业银行，而是特指掌握了一定互联网技术的、对小微企业业务有所排斥的商业银行。因为软信息成本的降低必须依靠一定的互联网技术，互联网技术可以使小微企业信贷业务自动化、流水化。如果软信息成本不能有效降低，即使是小型商业银行，其小微业务成本也是很高的。二是排除以小微企业为主要服务对象的商业银行，如民生银行、深圳微众银行等。因为如果将小微企业定位为主要服务客户，就不存在金融排斥问题了。

近几年使用互联网技术发展小微企业信贷业务的主要是民营银行，这符合其市场定位，民营银行也拥有客户信息方面的资源优势。某些互联网水平高的大型商业银行也逐渐意识到小微业务的重要性，如工商银行和建设银行学习蚂蚁集团模式，建立电商平台试水小微企业信贷业务。但大型商业银行全面参与小微业务还有以下两点影响因素：一是大型商业银行资本实力雄厚,垄断了大额业务,生存压力不大,没有大力发展小微业务的生存动机;二是大力发展小微业务与否还跟商业银行的市场定位、风险偏好和战略选择有关,先进的信息技术只是发展小微业务的必要条件,而非充分条件。因此,大型商业银行能够在多大程度上参与小微业务取决于其生存压力、风险偏好及战略选择。从这个角度来讲,使用互联网技术降低软信息成本,进而缓解商业银行对小微企业的金融排斥是一个缓慢的发展过程。先进的信息技术只是缓解金融排斥的必要条件,缓解程度受到宏观经济环境、金融体系演变的影响。

1.3.2 金融排斥

金融排斥(financial exclusion),也称金融排除、金融排异或融资缺损,是一门新兴的金融经济学理论,1993 年由英国 Leyshon 和 Thrift 教授在研究金融地理学时提出。金融排斥一开始作为金融地理学的分支,研究商业银行网点分布与金融服务和当地金融发展水平之间的关系;之后随着研究的深入,相关研究逐渐指向人文方面,关注文化、历史、社会、制度及民族性对金融排斥的影响,以及金融排斥对社会经济发展的影响。

基于不同的研究目的和研究视角,人们得到了金融排斥的不同概念。从广义社会排斥角度来定义,有人认为:金融排斥和社会排斥高度相关(Leyshon et al.,1995);金融排斥存在复杂交互性(Datta et al.,2013);金融排斥是社会排斥的一个子集,金融排斥是一些人系统地被金融机构拒绝服务(Dymski et al.,1996);一些人在接触金融系统时存在一定障碍,未能接触到金融系统服务的弱势群体也很难获得其他社会组织提供的服务,同时金融排斥也加剧了其他类型的社会排斥(Gardenen et al.,2004);金融排斥具有代际传递性,被排斥者在社会中处于劣势地位,容易被边缘化(Koker,2009)。

狭义的金融排斥是指将某类人从特定的信用或金融产品与服务中排斥出去的过程和结果 (Rogaly, 1999)。在不同研究中金融产品和服务的种类有所差别, 如英国 Office of Fair Trading (2010) 将金融排斥的产品和服务概括为四类——货币交换类 (包括自动转账等)、保险、短期信贷、长期储蓄; ANZ (2009) 将金融排斥产品或服务归结为交易账户、储蓄账户、金融咨询、投资建议、信贷、保险、养老金、社区企业融资和管理的支持等; Kempson 和 Whyley (1999)、Bina (2005) 则以银行活期存款账户为金融排斥的服务内容。

还有一种观点强调金融排斥与主流金融机构的关系, 认为金融排斥是某类人群没有享受到主流金融机构提供的产品和服务。如 Panigyrakis 等 (2002) 认为金融排斥是指一定比例的消费者未能以合适的方式接触到主流金融服务, 以至于处于不能使用主流金融服务的一种状态; Meadows 等 (2004) 将金融排斥定义为一些人在使用某种主流金融服务 (如银行账户或财产保险等) 时存在的潜在困难, 没有能力或不愿意接受主流金融机构的服务。Kempson 和 Whyley (1999) 根据金融排斥与主流金融机构之间的关系, 将金融排斥分为六个维度 (地理排斥、评估排斥、价格排斥、条件排斥、营销排斥、自我排斥), 认为金融排斥是这六个维度排斥的加权。

从社会排斥视角定义金融排斥的学者试图通过减少金融排斥来缓解社会排斥, 揭示了弱势群体在政治、经济生活等方面受到的歧视和其话语权的缺失; 社会等级制度越森严, 民主元素越稀缺, 弱势群体受到的金融排斥越突出。从具体产品和服务定义金融排斥, 目的是通过采取相关措施, 降低金融弱势群体的服务门槛, 以缓解其受到的金融排斥。从主流金融机构角度定义金融排斥试图通过改变金融机构的某些做法和标准, 扩大金融服务受众面, 提高金融包容性。

其中，后两种定义中金融排斥是静态的，主要分析金融排斥产生以后如何减缓，尚未进一步分析指出金融排斥受一些因素的影响，本身也是不断发展变化的。另外，现有文献将"金融排斥"视为贬义词，进行价值判断，认为金融排斥是金融机构嫌贫爱富、没有社会责任感的表现，潜台词是信用面前人人平等。那么，商业银行作为一个理性的市场主体，是否适合承受这些道德责任？

站在客观的立场上，是认识事物本质和规律的前提。本书从主流金融机构，主要是商业银行的角度，认为金融排斥是指某类有金融需求的人群未能达到商业银行的贷款条件，而被商业银行拒绝服务的行为和结果。它既是一个动词，也是一个名词。但是本书过滤掉价值观色彩，认为金融排斥是商业银行在一定信息条件下的理性选择，是一种市场行为。要扭转这种情况，依靠行政力量，如加强财政支持、强调商业银行的社会责任感，成本是很高的，这将造成两方面的后果：金融消费者过度负债；商业银行经济效益差，发展不可持续（Gloukoviezoff，2006）。然而金融排斥这种市场行为并不是一成不变的，在一定技术条件和制度环境下，市场可以自我修复，自我完善。从这个角度来看，金融排斥是一个动态的概念，随着社会经济的发展、金融资源总量的扩大、技术手段的进步及人们文化道德素养的提高，金融排斥将会改变，并存在特定的演化过程和发展规律。

商业银行金融排斥的对象很多，既包括城市低收入者、农民等微观对象，也包括小微企业、贫困落后地区等中观、宏观对象，每一种对象的研究方法及相关问题的原因和缓解措施都不尽相同，不能一概而论。近几年，小微企业金融排斥对社会经济造成了非常严重的不良影响，引起国家的高度重视。一方面，国家出台一系列政策试图缓解这一状况，然而成效并不显著；另一方面，学术界关于小微企业金融排斥的研究文献相对较少。因此，本书选择小微企业作为金融排斥的对象进行研究具有重要的现实意义和学术价值。

小微企业金融排斥是指小微企业受到商业银行的金融排斥，主要内容涵盖小微企业融资门槛高、融资成本高、借款难以满足抵押担保条件、借款成功率低，同时难以享受到商业银行提供的其他金融服务。小微企业金融排斥有着一般性金融排斥的共性，如与社会排斥的相互交叉，受到社会结构、经济周期、金融体系、地理环境、科技水平等的影响。同时小微企业金融排斥又有着不同于一般性金融排斥的特点：一是金融排斥的对象不同，特指小微企业；二是度量方式不同，后者以人口数作为分母进行人均化处理，小微企业数量难以准确统计，不能用这种方法测量小微企业金融排斥；三是影响因素不同，小微企业金融排斥除了一般性金融排斥的影响因素外，还要受到商业银行的偏见以及小微企业自身风险多样性的影响；四是缓解措施不同，这是由对象属性不同决定的。

1.3.3 小微企业

1. 小微企业的定义

对于小微企业，目前国内外没有统一的定义，界定小微企业通常是从从业人数、营业收入及总资产等方面着手的。不同国别小微企业的划分界限不同，例如世界银行以及美国将从业人数在 50 人以下，年销售额在 500 万美元以下的企业归为小微企业（见表 1-1 和表 1-2）。我国不同行业小微企业的划分标准也不一样，如交通运输业，300 人以内的企业归为小微企业，而批发业，20 人以内的企业就归为小微企业。同时我国各个商业银行对小微企业的划分标准也不一样，以民生银行为例，它将小型企业界定为贷款额 500 万元以下的企业，微型企业界定为贷款额 100 万元以下的企业。

表 1-1　世界银行的小微企业分类标准

企业类型	从业人数/人	总资产/万美元	年销售额/万美元
微型企业	1~10	<10	<10
小型企业	11~50	10~300	10~300

注：资料来源于世界银行集团数据。

表 1-2　美国小微企业的分类标准

企业类型	从业人数/人	年销售额/万美元
微型企业	1~10	<200
小型企业	11~50	200~500

关于我国的企业标准，2003 年中小企业划分标准中只有大、中、小三类，小型企业的标准为从业人数低于 300 人，销售收入在 3 000 万元以下，总资产在 4 000 万元以下的企业。可见，当时小企业的规模都是不小的。为了便于分类管理，2011 年工信部对企业规模进行了重新划分，如表 1-3 所示，新标准下小微企业规模变小，接近国际上大多数国家的小微企业标准。合理划分小微企业规模可以针对性地出台相关扶持政策、税收优惠政策和其他管理政策，具有重要的现实意义。

表 1-3　2011 年我国小微企业划分标准

行业	企业类型	从业人员/人	营业收入/万元	总资产/万元
农林牧渔业	小型企业		50~500	
	微型企业		<50	
工业	小型企业	20~300	300~2 000	
	微型企业	<20	<300	

表1-3(续)

行业	企业类型	从业人员／人	营业收入／万元	总资产／万元
建筑业	小型企业		300~6 000	300~5 000
	微型企业		<300	<300
批发业	小型企业	5~20	1 000~40 000	
	微型企业	<5	<1 000	
零售业	小型企业	10~50	100~500	
	微型企业	<10	<100	
交通运输业	小型企业	20~300	200~3 000	
	微型企业	<20	<200	
仓储业	小型企业	20~300	100~1 000	
	微型企业	<20	<100	
邮政业	小型企业	20~300	100~2 000	
	微型企业	<20	<100	
住宿业	小型企业	10~100	100~2 000	
	微型企业	<10	<100	
餐饮业	小型企业	10~100	100~2 000	
	微型企业	<10	<100	
信息传输业	小型企业	10~100	100~1 000	
	微型企业	<10	<100	
软件和信息技术服务业	小型企业	10~100	50~1 000	
	微型企业	<10	<50	
房地产开发经营业	小型企业		100~1 000	2 000~5 000
	微型企业		<100	<2 000

表1-3(续)

行业	企业类型	从业人员/人	营业收入/万元	总资产/万元
物业管理业	小型企业	100~300	500~1 000	
	微型企业	<100	<500	
租赁和商务服务业	小型企业	10~100	100~8 000	
	微型企业	<10	<100	

注:数据来源于《工业和信息化部等四部门印发〈中小企业划型标准规定〉》http://www.miit.gov.cn/n11293472/n11293832/n11293907/n11368223/13912671.html。

2012年我国在融资难问题探讨中主要使用中小企业的提法,微型企业包括在小型企业中;但随着中型企业融资状况好转,融资难、融资贵问题主要集中于小型企业和微型企业。因此,本书选择小微企业作为研究对象,对其规模的界定采用2011年我国工信部颁布的标准。

2. 我国小微企业的特点

我国小微企业数量庞大,据国家统计局发布的《第四次全国经济普查系列报告之十二》,2018年年末,全国共有小微企业法人单位1 783.1万家,占全部规模企业法人单位的98.5%。其中,小型企业239.2万家,占比为13.2%;微型企业1 543.9万家,占比为85.3%。小微企业规模小,类型多样,遍布于各行各业,既涵盖传统服务业,也包括高科技产业;小微企业经营者和所有者通常为同一人,具有明显的人格化特征;另外,小微企业经营者的受教育程度也参差不齐,有博士、硕士、大中专毕业生、高中生、初中生,甚至还有初中、小学都没有毕业的受教育时间极短的人。经营者的品德素质、社会资源、性格特点、受教育情况对小微企业的成长发展具有显著影响。行业类型和经营者类型的多样性决定了小微企业风险类型的多样性。

一般来说，小微企业生命周期短，企业经营管理不规范，公司治理落后，财务会计制度不健全，有些企业甚至缺乏基本的财务报表。同时，小微企业资本积累能力不足、企业经营发展主要依靠内源融资，融资顺序一般为自有资金、亲朋好友借款、民间融资、银行借款，企业融资成本高，融资成功率低。外源融资不足导致小微企业发展空间有限。另外，小微企业固定资产缺乏，一些科技型小微企业一般属于轻资产型企业，拥有发明专利等无形资产，固定资产缺乏导致其抵押担保能力不足。小微企业提供的产品和服务比较单一，一般竞争比较激烈，容易受经济环境和市场变化的影响。由此可见，小微企业具有人格化、生命周期短、资本实力不强、融资渠道不畅、抵押担保能力弱、经营风险和市场风险较大等特点，从而导致小微企业抗风险能力弱、信用风险高。

　　3. 研究聚焦

　　本书研究聚焦于能够在互联网上留下足够多软信息的小微企业，比如O2O（线上到线下）型小微企业、电商、微商、在众筹或P2P（个人对个人）平台上融资的小微企业、处于供应链上下游的小微企业等。这里的软信息可以是小微企业主动留下的软信息，也可以是消费者、管理者或者其他市场交易者留下的软信息，随着信息技术的提高，这类软信息逐渐能被挖掘、加工解读，用以识别小微企业的风险。因此，只要有足够多的软信息，借助互联网技术，根据这些足迹就可以还原该小微企业的生产经营状况、企业主信息及产品服务销售情况等，从而使小微企业与商业银行的信息不对称程度降低。如果在互联网上查不到某类小微企业，或关于该类小微企业的信息很少，则使用先进的信息技术并不能降低这类小微企业与商业银行的信息不对称程度，其受到的金融排斥仍然难以解决。所以，本书有可能缓解的是那些有互联网"烙印"的小微企业受到的金融排斥。

1.3.4 互联网软信息成本

目前，学术界和业界还没有"软信息成本"和"互联网软信息成本"的概念，本书率先提出这两个概念以论证商业银行金融排斥小微企业的内在机理。下面从软信息、软信息成本、互联网软信息和互联网软信息成本层层推进。

1. 软信息

"软信息"是和"硬信息"相对应的概念，目前没有统一定义。关于二者的区别，有人是从信息的可量化性来区分的，认为软信息是不能量化的主观信息，硬信息是可以量化的客观信息（Petersen，2004；Camus et al.，2005；Stein，2000）；也有人是从信息的主客观性来划分的，认为软信息为主观信息，硬信息为客观信息（廖理 等，2014；周业安，2015）；还有人笼统地认为硬信息仅为财务信息，除此之外都为软信息（过新伟 等，2015）。本书研究不同信息对于商业银行收集的经济性和加工解读的难易性的影响，因此，以可量化来划分。本书参考上述第一种划分方式，认为可以量化的信息为硬信息，不能量化的信息为软信息，硬信息和软信息的主要区别如表1-4所示。

表1-4 硬信息与软信息的区别

区别维度	硬信息	软信息
表现形式	数字形式	文本、图形、音频、视频等形式
收集、传递和使用	容易收集、存储和电子传播，信息使用者和决策者可以分离	其产生需要特殊语境，传递易失真，生产者和决策者多是同一人
使用成本	有规模效应，使用成本低	面对面进行，使用成本高

软信息和硬信息之间没有绝对的界限，根据量化成分的不同比重，软信息和硬信息形成一条连续的信息带（如图1-2所示）。在这条信息带的两头，一端是全数字化的硬信息，如财务报表、销售数据；另一端则是零数字化的软信息，如相关人士的闲谈、议论等纯主观信息，中间部分则是像调查报告、经济预测、管理计划和市场评论这类既有客观数据又有主观判断的信息。这条信息带从左到右硬信息比重依次下降，软信息比重逐渐增大，构成连续的统一体（王锁柱 等，2004）。先进的信息技术能使信息带上更多的软信息被标准化、数字化，从而提高整条信息带的数字化程度，实现软信息硬化。

财务报表　调查报告　　　预测　　　　评论　　　　　闲谈

图1-2　软信息与硬信息的联系

　　目前可以使软信息硬化的常见技术主要有区块链、物联网、传感器、人脸识别、指纹打卡、电子计步器等，这些技术能够使信息变成数字信号。信息技术的发展过程其实就是一部信息不断被数字化的演化史，从这个角度来看，人类文明社会的发展史就是一个信息从模糊到精确的历程。总体来看，任何软信息都可以被硬化，最终连人的情感思想这样一些纯主观的东西都将变成硬信息，软信息的比重变得越来越小，直至消失。因此，绝对划分软硬信息的界限没有意义，必须有一定的参照物。从目前的技术水平来看，普遍采用数量形式的信息主要有财务信息、生产销售信息、市场交易信息，因此本书将这几类信息确定为硬信息，除此之外的所有信息都划入软信息的范畴。

　　2. 软信息成本

　　软信息成本主要是在决策、监督、管理过程中，为了减少这些环节的不确定性，搜集、加工解读、贮存、传输和购买软信息所付出的费用。软信息成本不是会计学意义上的成本，不能对其精确计算，软信息成本需要从经济学或管理学角度来理解。软信息成本和科斯的"交易成本"有一定的交叉，达成一笔交易必须要完成物流、信息流和资金流的运动。其中前两项产生的费用属于交易成本范围，主要包括与市场有关的运输以及谈判、协商、签约、传播信息、广告、合约执行、监督等。由此可见，交易成本是产生在交易前和交易时的物流成本和信息成本。软信息成本不仅产生在交易前、交易时，还包括交易后监督、管理软信息而产生的成本，但不涉及物流成本和硬信息成本。所以软信息成本的产生环节要多于交易成本，但是涉及内容不及交易成本广泛。另外，软信息成本和交易成本的产生主体相同，主要发生在市场交易主体之间，如商业银行和小微企业之间；也可以发生在市场交易主体内部，如商业银行不同管理层级之间；还可以发生在交易主体与第三方之间，如商业银行与借款企业的消费者和监管部门之间。

3. 互联网软信息

互联网软信息特指利用互联网技术而非使用传统技术收集、加工、解读、使用的软信息；或者是存在于互联网上的软信息，而非当面采集或打电话采集的软信息。互联网软信息具有信息内容庞杂、数据类型多样、不易量化、主观性强等特征，互联网软信息收集加工使用具有规模经济效应，且边际成本极低。互联网软信息与当前流行的大数据在内容上有一定的重合。大数据是指无法在可容忍的时间内用传统 IT（互联网技术）和软硬件工具对其进行感知、获取、管理和服务的数据集合（李国杰 等，2012）。

图 1-3 说明大数据与软信息的关系，从研究内容来看二者有一定的重合，重合点就是互联网软信息。互联网软信息是大

数据的一个子集，特指存在于互联网上的、非量化的、有价值的海量信息。但是二者的研究角度不同，大数据强调"大"，其相对概念是小数据（传统数据），需要从技术角度来理解，如海量数据的处理、各种结构化及非结构化数据的加工、储存空间的扩展与兼容等；互联网软信息强调"软"，其相对概念是互联网硬信息，需要从管理学、经济学的角度来认识，只要是能降低交易双方信息不对称性的、除硬信息之外的互联网信息都是互联网软信息。

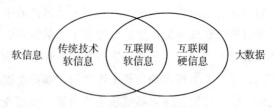

图 1-3　大数据与软信息的关系

4. 互联网软信息成本

互联网软信息成本是指在采集、加工解读、贮存、传输和购买互联网软信息等环节产生的人力、物力、财力等成本。按产生环节来划分，互联网软信息成本主要包括以下几部分：一是采集成本，主要体现在初始的软硬件设施投资和人员配备上。采集人员要有较高的互联网技术水平。互联网软信息的初始投资成本很高，但复制成本极低。二是加工解读成本，取决于加工人员的专业知识水平和加工技术，主要利用计算机建模，对原始信息进行筛选、判断、分类、排序、分析和研究等。三是贮存成本，互联网软信息主要保存在磁盘和网络云上，贮存成本主要包括两者的购置、租赁和相关操作维护费用。四是传输成本，包括网络流量成本和操作成本。五是购买成本，有些使用互联网软信息的单位没有全程参与软信息的采集、加工解读、贮存和传输等所有环节，遗漏环节就需要用购买来代替。所以，购买成本视遗漏环节的数量而定。一般来说，采集成本是其中最高的。

1.4 研究方法与创新点

1.4.1 研究方法

1. 跨学科研究法

本书运用金融学、信息技术、管理学、心理学等多学科的理论、方法和成果，研究工具和方法体现了跨学科交叉研究的特点。例如本书研究金融排斥运用了地理金融学的思路方法，研究小微企业融资涉及小微金融的知识，研究软信息成本涉及情报信息学、管理学方面的知识，研究大数据、云计算等互联网技术又涉及信息技术学科有关的内容。

2. 文献研究法

笔者查阅了大量国内外有关金融排斥、小微企业金融排斥等方面的文献，采用对比、归纳、演绎的分析方法，通过梳理找到了现有文献研究的薄弱之处，这将构成本书的研究视角和创新点。

3. 定性、定量分析法

本书运用定性分析法认识事物的本质，揭示内在规律；同时运用定量分析法厘清变量之间的关系，预测事物的发展趋势。比如在研究小微企业信用风险识别机制时，本书使用定性分析法去伪存真、由表及里，从而得出软信息对揭示小微企业信用风险的重要作用；为了使研究结果更加精确，又使用定量分析法，采用实证检验对其进行数理验证。

4. 案例分析法

"以人为镜，可以明得失。"从我国商业银行的偏好及偏好形成机制来看，小微企业没有太大价值。然而本书通过案例分析法研究富国银行、蚂蚁集团和民生银行的业务经验发现，小微企业业务具有重要的投资价值，关键要看金融机构的贷款技术和风控能力。

1.4.2 创新点

引起小微企业金融排斥的原因很多，各种因素之间关系错综复杂，因此要彻底"解决"小微企业金融排斥是一个非常庞大的系统工程，难度很大。本书仅选取其中一个角度，试图在一定程度上"缓解"商业银行对小微企业的金融排斥。在前人研究的基础上，本书可能的创新之处有两点：

（1）关于我国商业银行金融排斥小微企业的缓解措施，现有文献从供给端到需求端进行了大量的研究，从不同角度强调制度和资金对于缓解小微企业金融排斥的重要作用。然而连接供给和需求的除了制度、资金的要求，还有信息方面的支持。本书从软信息及软信息成本的角度提出小微企业金融排斥的缓解措施。研究发现，软信息成本高，商业银行不能利用软信息识别小微企业风险是我国商业银行金融排斥小微企业的重要原因。因此如果能通过某种技术手段降低软信息成本，商业银行就有可能使用软信息来识别风险，放松硬信息对贷款要求的约束，将小微企业纳入其交易可能性集合，从而降低对小微企业的金融排斥。这一视角和研究结论对于缓解我国小微企业金融排斥具有重要的理论价值和实践意义。

（2）采用互联网技术降低商业银行软信息成本。互联网技术处理小微企业软信息具有规模经济效应，并且边际成本递减。互联网技术降低单位小微企业软信息成本的程度主要取决于商业银行处理软信息的规模：如果互联网技术处理软信息的规模大，则单位小微企业软信息成本就可以大幅度降低；如果互联网技术处理软信息的规模小，则利用互联网技术的成本优势并不明显，甚至还会使软信息成本提高。

2 文献综述

文献综述是研究的理论基础和基点，本书用金融排斥的分析框架研究我国商业银行金融排斥小微企业的缓解机制。本章将从两个方面展开：金融排斥的一般性文献综述，小微企业金融排斥的特殊性文献综述。本章通过由一般到特殊，层层递进的方法找到研究视角和研究思路。

2.1 金融排斥文献综述

本章对金融排斥的文献综述主要从金融排斥的对象、影响因素和度量三方面进行。其中，金融排斥对象的文献综述用来引出小微企业金融排斥的特殊性，从而使本书将小微企业纳入金融排斥的分析对象；影响因素的综述为后文的金融排斥产生原因及影响因素研究做铺垫；金融排斥度量的综述是为演化机理和金融排斥度中的相关数理研究奠定基础。

2.1.1 金融排斥的对象

关于金融排斥的对象，现有文献主要集中在区域（社区）、家庭和个人层面。比如 Kempson 和 Whyley（1999），Leyshon 和

J. Pratt N（1995）针对英国区域和家庭的金融排斥进行研究；Franklin Allen 和 Elena Carletti（2006）通过国家间要素对比，分析了非洲金融排斥的原因；G. Gloukoviezoff（2006）研究了低收入者的金融排斥和过度负债问题；N. Geach（2007）从移动信息技术发展和应用的角度分析了个人的金融排斥问题；European Commission（2008）研究了欧洲家庭和个人的金融产品和服务排斥问题；Santiago Carbó、Edward P. M. Gardener 和 Philip Molyneux（2010）分析了伦敦低收入者的金融排斥问题。

国内学者关于金融排斥的研究对象主要集中在农村地区的家庭和个人（金雪军 等，2009；许圣道 等，2008；董晓林 等，2012；高沛星 等，2011；何德旭，2015）。也有少量文献研究城市居民的金融排斥状况（李涛 等，2010），分析我国中部地区（祝英丽 等，2010）和少数民族地区（陶磊，2013）的金融排斥问题。

简要述评：目前，金融排斥的研究对象主要集中在家庭、个人和区域层面，研究者期望通过提供某些金融产品和服务，降低弱势群体的服务门槛，改善低收入者、家庭的福利水平，提高区域经济的发展质量，促进社会经济协调发展。但是在发展区域经济、提高个人收入中扮演重要角色的企业却很少被纳入研究的范围。如果说个人、家庭、企业、区域、国家是规模依次增大的经济载体的话，那么学术界关于金融排斥的研究对象就存在经济单位结构的断层现象，这和当今社会普遍存在的小微企业融资难问题不符。究其原因，可能是金融排斥造成的负外部性引发的一系列政治和社会问题，如就业困难、住房紧张、青少年犯罪、家庭暴力、教育问题、社会治安问题等，引起广泛的社会关注。因此，金融排斥的研究对象多偏重于家庭、个人和区域等社会单位；而企业更多是以经济单位的面貌出现，求助的迫切性没有前者强烈。本书认为金融排斥的研究对象不应存在断层现象，从而尝试将小微企业纳入金融排斥的分析框架，试图为完善金融排斥的理论体系增砖添瓦。

2.1.2 金融排斥的影响因素

影响金融排斥的因素既包括影响金融需求主体的因素、影响金融机构的因素，还包括社会经济、地理环境和科技水平等其他因素。小微企业的人格化特征使得小微企业金融排斥的影响因素具有一般金融排斥影响因素的共性。本书综述其影响因素是想说明小微企业金融排斥影响因素的综合性、复杂性，同时说明小微企业金融排斥影响因素具有明显的时代特征和地域特征。关于小微企业金融排斥影响因素的特殊性将在本章第二节和第三章展开论述。

1. 影响金融需求主体的因素

金融排斥的对象一般为社会中的弱势群体，这些弱势群体具有相似的社会学、经济学特征，表现在性别、年龄、收入、学历、社会地位、种族、宗教信仰、婚姻状态、家庭人口数、是否拥有房屋等方面。如世界银行（2008a；2008b）用全世界54个国家的数据说明了收入、社会地位以及交易成本影响居民的金融排斥。Paul Sergius Koku（2015）发现文化影响社会居民的金融排斥状况。另外，不同国家金融排斥的影响因素有所差异，如：在英国，收入不稳定者、没有房屋所有权的人及少数族裔居民（Devlin，2005）及移民（Datta，2012）更容易遭受金融排斥；在美国，性别、净收入、年龄、家庭人口数在居民金融排斥占据主导因素（Honohan，2006）；在加拿大，收入、年龄、负债、受教育程度、家庭人口数、是否拥有房屋产权显著影响着居民的金融排斥状况（Buckland et al.，2008）；在意大利，受教育程度低的人更容易成为金融排斥的对象（Guiso et al.，2008）。王修华等（2012）研究发现，家庭中有较多的未成人和老年人是我国农村地区金融排斥的主要影响因素。

2. 影响金融机构的因素

金融机构的规模、数量、结构、贷款条件、金融市场的发达程度、利率市场化程度及社会征信体系也是影响金融排斥的重要因素。一般来说，大银行适合做批发型信贷业务，小银行在零售型金融业务方面具有比较优势，因此缺乏小银行较容易引起金融排斥（林毅夫 等，2001）。同时银行数量多、竞争激烈，居民就容易获得金融服务，金融排斥程度比较低（Beck et al.，2007）。商业银行的结构也影响金融排斥，如果一个地区的外地银行或外资银行比例高，由于信息不对称问题，这些银行会倾向于为信息比较透明的大中型企业提供金融服务，而拒绝为小微企业和个人服务，从而使当地弱势群体受到的金融排斥程度提高（Berger et al.，2001）。为了防范风险，银行要求借款人提供抵押、担保增信，这些贷款条件超出了借款人的经济承受范围，从而导致其受到的金融排斥程度也会提高（田杰，2012）。另外，发达的金融市场将会分流商业银行的部分金融需求，间接提高居民从商业银行获得金融服务的可能性，金融排斥程度降低（何德旭 等，2007）。当利率受到管制时，商业银行存贷利差大，利润丰厚，在社会征信体系不完善的情况下，商业银行缺乏动力为小微需求提供金融服务，金融排斥程度提高（王修华，2009）。

3. 社会经济、地理环境和科技水平等因素

经济发展水平、基础设施状况、收入分配状况、科技文化水平、社会包容程度、政治民主程度等也是影响金融排斥的因素。相比经济发达地区，经济欠发达地区更容易遭受金融排斥（FSA，2000），主要原因在于欠发达地区交通网络不发达，信息条件差，网络普及率低，基础设施条件落后，商业银行服务成本高，并且借款人容易将信贷资金当成财政补贴使用，违约率

居高不下，多方面原因导致经济欠发达地区的金融排斥程度高（许圣道 等，2008；徐少君 等，2009）。提高信息技术水平，如发展手机银行、使用互联网技术等可以大幅降低商业银行的运营成本，从而减弱对小微企业的金融排斥（谢平，2014）。同时，收入分配状况也会影响金融排斥，收入不平等，两极分化程度高会使低收入人群长期被商业银行歧视（Kempson，2000）。另外，社会包容性也会对金融排斥产生影响，社会包容性强，社会就能容纳各类群体的生活方式，包括金融需求在内的各种诉求能够通过有效、合理的渠道解决，从而使金融排斥程度比较低。

简要述评：影响金融排斥的因素很多，金融排斥是以上各种因素综合作用的结果。但是这些因素对金融排斥的作用并不是一成不变的，区域不同，时代不同，金融排斥的影响因素会有所偏重。比如，在英国，少数族裔居民更容易受到金融排斥，而我国少数民族受到国家政策的特殊照顾，民族身份对金融排斥的影响并不显著。另外，随着时代的变迁、社会的进步，有些因素对金融排斥的影响减弱，例如，随着妇女社会地位的提高，性别对金融排斥的影响减弱；而有些因素则逐渐加强，如互联网技术等科技型元素，互联网技术可以大幅降低借贷双方的信息不对称程度，能够跨越时空的限制，使商业银行提供服务的成本大幅降低，从而显著降低金融排斥程度。所以，分析金融排斥的影响因素，应该随着时间、空间和社会科技环境的不同而有所侧重。

2.1.3 金融排斥的度量

度量是量化分析的前提，基于不同的研究目的、研究对象和研究角度，金融排斥有不同的度量指标。目前关于度量小微企业金融排斥的文献相对较少，本小节试图通过对个人、区域金融排斥度量的综述找到度量小微企业金融排斥的参考角度。

综合来看，关于金融排斥的度量主要有以下两种方式：

1. 直接以某类金融产品和服务的数量度量

金融排斥的强弱最直观的表现是某些金融产品和服务的供给是否充足，因此，部分文献将某些金融产品和服务的绝对数量、相对数量作为度量金融排斥的主要指标。Sinclair（2001）以商业银行网点数衡量一个地区的金融排斥程度。Honohan（2007）基于银行贷款账户数和存款账户数，使用银行账户数的人口比例判断某地的金融排斥程度。Beck 等（2007）采用每万人商业银行网点数、每百平方千米金融网点数、每万人 ATM（自动柜员机）数、每百平方千米 ATM 数、人均储蓄/人均 GDP（国内生产总值）、人均贷款/人均 GDP、每千人储蓄账户数和每千人贷款账户数来估算金融排斥程度。许圣道、田霖（2008）使用银行业分支机构数量衡量农村地区的金融排斥。李涛等（2010）以城市居民是否拥有储蓄存款、贷款服务、保险产品等虚拟变量的形式度量居民是否遭受金融排斥。

2. 复合指数度量法

有些文献以复合指数的形式度量金融排斥程度。英格兰东南发展机构（2000）使用与金融排斥高度相关的复合剥夺指数，利用线性回归模型确定金融排斥指数。李春霄、贾金荣（2012）采用金融服务深度、可得度、使用度和可负担度，参考人类发展指数编制方法度量了我国各个省份的金融排斥程度。Kempson和 Whyley（1999）提出了六维度金融排斥（地理排斥、评估排斥、价格排斥、条件排斥、营销排斥、自我排斥）度量法，每个维度采用相关度量指标，最后加权得到金融排斥指数。我国学者们纷纷采用这一方法，设置相关绝对数量或相对数量指标度量金融排斥（王修华 等，2010；胡振 等，2012；高沛星 等，2011；胡宗义 等，2012）。以王修华等（2009）的研究为例，他们分别利用地区银行数比地区人口数、地区银行承兑汇票余额比地区人口数、地区加权贷款利率水平、地区人均贷款余额、地区贷款余额比存款余额、地区非商业银行融资规模比商业银行贷款余额代表地理排斥、评估排斥、价格排斥、条件排斥、营销排斥、自我排斥来进行研究。

简要述评：直接以某类金融产品和服务的数量度量金融排斥，可能存在度量指标选取不够全面、理论基础不够充实的问题；复合指数度量法选取一些综合指标，或用一些指标的综合结果来度量金融排斥，克服了第一种方法的不足。以六维度金融排斥法为例，其理论体系比较完善，包括的内容相对全面，逻辑思路清楚。这一方法虽然存在一定的问题，如评估排斥和价格排斥存在一定的交叉，自我排斥不好界定，但仍不失为一种重要的理论依据，可以作为继续深入分析的理论"抓手"。

进一步研究数据类型特点发现，相当数量的变量经过人均化处理，这种方法简单、直观，使研究者容易对不同类型对象、不同区域进行比较，但是难以用来测量小微企业金融排斥，因为小微企业的数量难以准确统计。因此研究商业银行对小微企业的金融排斥就不能借用个人、家庭或区域金融排斥的度量方法。如果用没考入大学的学生人数占所有高考人数的比例作为教育排斥的一个数量型指标，则在这个数量型指标的背后存在一个叫作"分数线"的价格指标，这个价格指标越高，教育排斥越强；价格指标越低，则排斥越弱。根据这个例子，金融排斥能不能存在一个价格型的度量指标？

2.2 我国小微企业金融排斥文献综述

虽然目前关于我国小微企业金融排斥的直接相关文献不多，但存在大量关于小微企业融资难、融资贵、信贷配给等间接相关文献。融资难、融资贵、信贷配给等是小微企业金融排斥的一些表现形式，属于小微企业金融排斥的研究范畴。因此，小微企业金融排斥的综述主要参考以上几方面的研究文献，主要从原因、缓解措施和信息等方面展开。其中梳理原因是想说明解决我国小微企业金融排斥的复杂性和困难性，梳理缓解措施是为找到研究方向，梳理信息是想在缓解措施的基础上进一步聚焦，具体化、细化研究视角和缓解思路。

2.2.1 我国小微企业金融排斥的原因

金融排斥是在社会融资总量扩大的前提下，商业银行有条件为小微企业提供服务，而出于各种原因拒绝其正常的、合理的金融需求，这些原因包括社会结构民主程度、经济周期性波动、金融体系完善程度、小微企业自身风险多样性、商业银行的偏见等（曹廷贵 等，2015）。

1. 社会结构的民主程度

从本质上看，小微企业受到商业银行的排斥是其社会排斥在金融方面的体现，金融排斥是社会排斥的一个子集。未能接触到金融系统服务的弱势群体也很难获得其他社会组织提供的服务。金融排斥和社会排斥存在复杂的交互性（Dymski et al.，1996；Garderner et al.，2004；Koker，2006；Leyshon et al.，1995），金融排斥揭示了小微企业在政治、经济方面受到的歧视和话语权的缺失。社会等级制度越森严，民主元素越稀缺，小微企业金融排斥越突出。在一个和谐民主的社会，各个阶层表达需求的渠道畅通，弱势群体的呼声能得到正视，小微企业能享受到基本的社会权利，社会包容使金融排斥的土壤不复存在。

2. 经济的周期性波动

小微企业金融排斥受宏观经济周期的影响，表现出明显的顺周期性。穆迪公司的研究表明，在经济衰退期，小企业的债务回收率比繁荣期要低33%左右。经济向好时，商业银行风险偏好程度提高，商业银行放松信贷条件，进行杠杆化经营（黄飞鸣，2010），同时资产价格升高导致相同的抵押物可以获得更多的贷款（White，2006）。这时小微企业容易获得商业银行贷款，小微企业金融排斥程度低。当经济下行时，社会投资下滑，市场消费萎缩，债务危机的频发使整个市场弥漫悲观情绪，市场流动性紧张，银行提高贷款条件并谨慎放贷。小微企业抗风险能力弱，倒闭违约概率大。因此，当经济出现萧条迹象时，银行反应灵敏，提前抽贷，迫使小微企业向高利贷借款偿还银行贷款。同时银行风险容忍度降低，出现"惜贷"现象，宁可将资金闲置，也不愿为小微企业提供贷款，小微企业金融排斥加剧。

3. 金融体系的完善程度

从排斥主体来看，小微企业不仅受到主流金融机构的排斥（Dayson，2004），同时也遭到金融市场的歧视。我国小微企业受到金融机构排斥的原因主要是信贷市场被商业银行垄断，商业银行数量少，竞争不充分，同时能够为小微企业服务的中小型金融机构发展不足（林毅夫，2005）。再者我国信用评级制度不健全，缺乏专门为小微企业评级的信用评级机构，使部分小微企业的首次授信问题难以解决（金银亮，2014）。金融市场比金融机构要求更多的信息披露，小微企业在金融机构没有融到资，就更难在金融市场上融资（曹廷贵 等，2015）。同时我国现行的担保制度使小微企业通过担保、再担保等手段增信的成本过高。另外，我国天使投资、风险投资和私募股权融资市场刚起步，配套制度不健全，人才缺乏，操作经验不足，导致小微企业在通过这些途径获取金融服务时遇到障碍。

4. 小微企业的风险多样性

小微企业规模小，成立时间短，生命周期短，财务会计制度不健全，企业经营管理不规范，资本积累不足，固定资产缺乏（张晋东，2013）。小微企业提供的产品和服务种类比较单一，市场竞争比较激烈，容易受经济环境和市场变化影响，加上其融资渠道不畅，风险转移化解手段不足，导致抗风险能力弱，其融资具有"成本高、抵押难、风险大"的特点（李志赟，2002）。这是小微企业被商业银行排斥的客观因素。

5. 商业银行的偏见

长期以来我国商业银行对小微企业存在偏见，认为小微企业贷款的单位成本高，信用风险大，容易形成呆账、坏账，不良率高（潘席龙，2016）。我国许多商业银行没有详细划分小微企业的不同风险类型，而采取"一刀切"的思路，高估部分小微企业的风险水平（于洋，2013），将所有小微企业都定为高风险企业，从而拒绝为其服务。

简要述评：我国商业银行金融排斥小微企业的原因错综复杂，既有外因，也有内因。其中每个原因都会对商业银行金融排斥小微企业产生影响，改善每个影响因素都会不同程度地缓解商业银行对小微企业的金融排斥。原因的多样性说明解决小微企业金融排斥的复杂性、系统性和困难性，一种办法的实施只能在一定程度上缓解小微企业金融排斥，而不能完全解决问题。

2.2.2 我国小微企业金融排斥的缓解措施

关于我国小微企业金融排斥的缓解措施，不同学者从不同角度提出了不同思路，下面的文献综述从宏观政策、中观金融体系到微观小微企业和金融机构几个层次铺开。

1. 加强政府支持力度，扩大政府扶持手段

此类研究认为金融排斥是市场失灵的金融表现，具有明显的负外部性，强调利用政府"有形"之手进行市场纠偏，以此

缓解小微企业金融排斥。梁冰（2005）指出，要建立有关小微企业融资的法律法规体系，如引入动产抵押担保制度，完善司法环境，增强小微企业融资能力，缓解金融排斥；马荣华（2015）建议政府为社会型金融组织提供启动资金，并在税收、资金、信息、办公场所和监管方面给予优惠；王修华（2009）、谢欣等（2010）提出应加强金融机构的社会责任感，出台类似美国《社区再投资法》的政策，规定金融机构为弱势群体服务的业务指标。为缓解地理可及性障碍，王志军（2007）指出政府要调控国有商业银行大规模撤出欠发达地区的行为；马九杰、沈杰（2010）认为政府还应在落后地区增设新的银行网点和营业机构，加强金融基础设施建设。另外，为弥补市场空缺和执行扶持政策，王廷科、薛峰（1995）提出引入专门针对小微企业金融需求的政策性金融机构等。

2. 健全金融结构体系，优化金融生态环境

此类研究认为应该建立多层次的金融服务体系，发展中小型金融机构、规范民间金融机构、建立信用担保机制、发展融资租赁、利用互联网金融等方式解决小微企业金融排斥。何德旭、饶明（2007）认为，可引入具有金融包容性的中介组织，如乡镇银行、社区性金融组织等，缓解小微企业金融排斥；林毅夫、李永军（2010）发现，要解决小微企业金融排斥必须大力发展和完善小型金融机构，因为小型金融机构为小微企业提供的金融服务，相比大中型金融机构，成本更低、效率更高；郭斌、刘曼路（2002）通过分析温州小微企业的民间融资现象，认为规范民间金融组织，使之发展成为小微企业融资服务的民营金融机构，也是重要措施。小微企业金融需求的正常获取离不开健康的信用环境，曹凤岐（2001）认为建立担保机构风险补偿机制、担保基金和再担保基金制度，同时完善小微企业资信评级制度等可以缓解小微企业金融排斥。陈丽芹等（2011）

发现融资租赁比银行贷款更具成本优势，可以成为小微企业融资的创新模式。徐洁等（2014）认为互联网金融与小微企业融资之间具有协同合作优势，指出互联网金融是解决小微企业金融排斥的新思路。

3. 提高小微企业自身的能力和素质

缓解小微企业金融排斥还需要小微企业苦练内功，增强素质，提高抗风险能力。针对小微企业的人格化特点，李涛等（2010）认为，提高小微企业主的教育水平、完善财务会计制度建设、加强小微企业主的法律诚信意识有助于降低小微企业金融排斥程度。梁冰（2005）指出，小微企业应把产品做到精、细、专、深；同时规范企业管理制度，合理规划企业主的用款行为，从制度上约束企业主的主观违约行为。曹廷贵等（2015）认为，应从还款能力和还款意愿等方面降低小微企业违约风险。针对小微企业融资过程的担保难、担保贵现象，彭江波（2008）指出，互助联保组织能够增信，并且有助于提高组内企业的诚信意识和法律意识，能够有效约束小微企业的主观违约行为，减轻信用风险，缓解小微企业金融排斥。

4. 促进金融机构产品和服务创新

金融机构应积极探索创新信贷方式，根据小微企业多样化的金融需求开发特色的金融产品和服务。姬会英（2011）提出，商业银行应采用保全仓库业务，以出口退税质押贷款、应收账款质押或收购、兼并专项贷款等多种方式为小微企业提供金融服务。同时，商业银行还应做好贷前资格审查，优化贷款操作流程，完善贷后管理制度（秦瑶，2012）。针对科技型小微企业金融排斥，韩刚（2012）参考"硅谷银行"的做法，提出建立"政府+银行+担保+保险+创投"的业务发展模式，认为这种模式可以分散商业银行的信贷风险，有利于缓解科技型小微企业金融排斥。为了降低信用风险，裴子谊（2011）认为，小微企业贷款的资产证券化产品能够分散商业银行的小微企业信贷风险。另外，闫俊宏、许祥秦（2007）认为，从供应链角度对小微企业展开综合授信，能够将单个企业的风险管理转变为供应链的风险管理，风险管理难度降低，并且风险识别和管理成本也更低，有助于缓解金融排斥。

简要述评：我国小微企业金融排斥是由多种因素造成的，因而缓解措施也多种多样，没有一种"放之四海而皆准"、可以完全化解金融排斥的手段。每一种措施的提出都基于特定的视角和技术手段，存在一定的适用条件。现有文献从宏观政策、中观金融体系到微观小微企业和商业银行等不同层面进行了大量的研究：宏观层面是想从顶层设计入手，通过有形之手进行宏观布局，消除小微企业金融排斥的制度性障碍；中观层面是想打破现有商业银行的垄断局面，增加金融机构数量，健全金融配套服务，完善金融结构体系，优化小微企业融资的生态环境；微观小微企业方面是想通过提高小微企业自身的能力和素质，达到商业银行的贷款资格，进入商业银行的服务门槛；微观商业银行方面是想通过提高贷款技术，增加金融产品种类以满足小微企业多元化的金融需求。由此可见，关于小微企业金融排斥的缓解措施，现有文献主要从供给端和需求端进行剖析，从不同角度强调制度和资金对于缓解小微企业金融排斥的重要作用。然而连接供给和需求的除了制度、资金的要求外，还有信息方面的支持，目前文献在这方面的研究却比较薄弱。因此，本书从信息角度入手分析供给与需求之间的错配。下面的文献综述聚焦在软信息与小微企业金融排斥方面。

2.2.3 软信息与小微企业金融排斥

根据量化程度的不同，信息可以进一步区分为软信息和硬信息。软信息和硬信息都具有信用风险识别功能，能够缓解交易双方的信息不对称状况。但小微企业硬信息数量少、质量差（潘席龙 等，2016），因此，要缓解小微企业金融排斥，重点要发挥软信息的作用。

（1）软信息能够识别小微企业信用风险，有助于缓解小微企业金融排斥。郑维臣（2015）认为，在硬信息不足的情况下，使用软信息可以弥补信息不完备的缺陷，相对于硬信息，软信息预测小微企业违约风险的能力更强（过新伟 等，2015）。贺勇（2009）认为，商业银行利用小微企业软信息可以使信贷决策的信息更充分、更准确，能够改善银企关系，还可以提高商业银行贷款效率和利润水平（徐忠 等，2010）；郑震龙、刘天才（2003）提出，利用小微企业软信息能够为商业银行带来各类租金，为商业银行提供经济激励。在识别 P2P 网络贷款的信用风险时，赖明勇（2015）发现借助软信息，高风险融资者将被低风险融资者挤出信贷市场。使用软信息可以降低价格排斥，Yehning Chen 和 Rachel J. Huang（2013）发现商业银行使用软信息可以显著地提高预测小企业贷款违约的概率，同时，能够提供高质量软信息的小企业可以获得较低利率的贷款。

（2）商业银行的规模与其对小微企业软信息的采集使用及金融排斥的缓解没有必然的联系。关于商业银行的规模与软信息的关系，学者们有不同的看法。林毅夫、孙希芳（2005）认为，小型商业银行倾向于搜集使用小微企业的软信息，因为相比大型商业银行，小型商业银行使用软信息的成本更低。Jeremy C. Stein（2000）发现扁平化管理的小型商业银行倾向于收集使用小微企业的软信息，愿意为其融资；而管理层级多的大型商业银行则善于使用硬信息为大中型企业服务，排斥小微企业的金融需求。张捷（2002）也发现小型商业银行有使用软信息、发展关系型贷款的优势。此外，陈游（2012）研究美国富国银行的小微贷款业务，发现通过改进信贷业务流程，大型商业银行也可以很好地为小微企业服务；邓超等（2010）分析了大型商业银行和小微企业的共生关系，认为利用软信息发放贷款，能够为大型银行与小微企业的长期合作带来潜在收益。由此可见，采用软信息缓解小微企业金融排斥与商业银行的规模没有必然的联系。关于贷款技术，宋徐徐、许丁（2012）认为使用"信贷工厂"模式，加强对小微企业软信息的搜集和处理是缓解小微企业金融排斥的关键。汪兴隆（2012）发现信息技术的发展使大中型商业银行为小微企业提供金融服务成为可能。

（3）提高信息技术可以使软信息的质量变好、数量增多、维度提高，采集对象范围更广，有助于银行充分利用软信息缓解金融排斥。比如 Mitchell A. Petersen 和 Raghuram G. Rajan（2000）发现，美国小企业和银行之间的距离越来越远，原因在于计算机使软信息的采集和传递更及时、有效，成本更低，可以进行远程信贷决策。刘海二（2013）发现，在非洲地区广泛使用手机银行可以拓宽农民的信息交流渠道，使信息透明度提高，从而缓解了农村地区的金融排斥。谢平（2014）指出，使用互联网技术可以使更多的软信息硬化，并使其转化成为商业银行能够快速识别小微企业信用风险的指标。目前互联网技术对软信息的突出作用主要表现在大数据征信方面，大数据征信能够集中采集小微企业的海量非结构化和半结构化软信息，通过标准化、流水化处理，快速完成小微企业信用风险的数值转化（李晓枫，2014）。杨海平（2015）认为，借助大数据分析技术，金融机构可以更精确地掌握小微企业的行为轨迹和信用水平，实现智能化、数字化管理。薛洪言（2013）指出，商业银行如果能有效整合分散在各个系统中的小微企业软信息，通过信息的交叉验证可以很容易地识别风险，提高银企信任度。丁振辉等（2016）发现，利用大数据技术，可以实现软信息的关键指标分析、关联关系识别和信用风险评级等功能。黄子健、王囊（2015）认为，使用互联网技术，软信息可以发挥"信用资本"和"信用抵押"的作用，能够减轻小微企业信贷市场中的信息不对称，有助于缓解小微企业金融排斥。

简要评述：金融排斥有信息不对称方面的原因。金融排斥的对象一般为社会弱势群体，其存在硬信息缺乏或不足的现象，信息不对称性问题突出。金融机构利用软信息可以进行信息弥补、信息纠偏，进而能够识别信用风险。另外，银行使用软信息与否主要取决于贷款技术的高低，与商业银行规模大小没有必然的联系，因为先进的贷款技术可以使小微企业信贷业务自动化、流水化。同时，提高信息技术可以使软信息的质量变好、数量增多、维度提高，采集对象范围更广，能够显著地降低信息不对称程度。综上所述，现有文献更多是从信息不对称角度认识软信息的作用，从信用风险识别角度论证软信息对小微企业金融排斥的缓解作用。但如何从经济学角度，从软信息成本来解读小微企业金融排斥？目前鲜有研究，既然软信息具有重要的风险识别功能，那么商业银行就应将软信息纳入信贷审批指标中，然而实际情况并非如此，原因值得我们深思。

2.3 小结

本章旨在通过文献综述找到研究对象、研究角度和研究思路。金融排斥对象综述表明，现有文献主要是针对个人、家庭、区域，针对企业的研究文献相对较少，因此，本书选择小微企业作为金融排斥的对象对于健全金融排斥的理论框架具有重要的理论价值。金融排斥影响因素综述表明，金融排斥的影响因素错综复杂，不同国家、不同时代各个因素对金融排斥的影响强度不同，当今时代，以互联网技术为代表的一些科技型因素对金融排斥的影响更为显著。度量指标综述表明，如果研究变动、宏观的金融排斥，就必须选择具有一定理论基础的某些综合性变量进行分析；如果度量相对静态、微观的金融排斥，则可以另辟蹊径，尝试选择价格型变量作为其度量指标。原因综述表明，解决我国小微企业金融排斥的复杂性和困难性，一种治理手段只能在一定程度上缓解小微企业金融排斥，很难将其彻底解决，因此本书题目选择"缓解"而非"解决"一词。对缓解措施的梳理表明，现有文献主要从供给端和需求端进行剖析，从不同角度强调制度和资金对于缓解小微企业金融排斥的重要作用。然而连接供给和需求的除了制度、资金的要求，还有信息方面的支持，目前文献在这方面的研究却比较薄弱。根据量化程度的不同，信息可以进一步区分为软信息和硬信息，软信息和硬信息都具有信用风险识别功能，能够缓解交易双方的信息不对称。但小微企业硬信息数量少、质量差，因此，要缓解小微企业金融排斥，重点要发挥软信息的作用。软信息综述表明，现有文献更多是从信息不对称角度认识软信息的作用，从信用风险识别角度论证软信息对小微企业金融排斥的缓解作用。但如何从经济学角度，从软信息成本来解读小微企业金融排斥？目前，相关论述仅只言片语地散见于金融学、管理学、信息科学等有关论文中，该问题尚未深入系统研究，这将形成本书的突破口。软信息具有重要的风险识别功能，但商业银行并未将软信息纳入信贷审批指标，从而导致小微企业受到普遍的金融排斥，本书认为小微企业金融排斥的根本原因是商业银行收集使用小微企业的软信息成本太高。如果使用先进的信息技术降低软信息成本，商业银行就有可能使用软信息识别小微企业风险，从而缓解对小微企业的金融排斥，这形成本书的研究思路。

3 小微企业金融排斥的
产生背景和演化趋势

金融排斥是动态变化的，在不同的社会、经济、金融和信息技术背景下，小微企业金融排斥有所不同。随着社会经济的发展、金融资源总量的扩大、信息技术的进步及文化道德素养的提高，金融排斥将会改变，并遵循特定的演化过程。剖析这一过程对于客观认识我国商业银行金融排斥小微企业具有重要的理论意义，深入理解小微企业金融排斥的产生背景和演化机理是研究缓解我国商业银行金融排斥小微企业的前提，缓解措施的恰当与否在于分析问题是否合理和科学。本章首先分析小微企业金融排斥的产生背景，横向对比并论述小微企业金融排斥的动态性，同时也阐明我国小微企业金融排斥的严重性和复杂性；其次站在社会历史观的高度，纵向研究小微企业金融排斥的演化趋势，进一步论述小微企业金融排斥的客观性和发展变化的规律性。

3.1 小微企业金融排斥的产生背景

小微企业金融排斥在人类社会发展过程中不是一开始就存

在的，小微企业金融排斥是社会发展到特定阶段，社会经济发展到一定水平时，社会有能力为小微企业提供金融服务，而因为多种原因排斥其金融需求的行为和结果。小微企业金融排斥作为社会经济发展历史过程中的一种金融现象，存在产生、发展、成熟、衰亡的生命周期过程。在每一个阶段，由于社会环境、经济环境、金融环境和信息技术环境的差异，小微企业金融排斥存在强度的不同。

3.1.1 国外小微企业金融排斥的产生背景

小微企业金融排斥是全球普遍存在的一种金融现象，各个国家的小微企业均存在不同程度的金融排斥，以欧美发达国家为代表，其小微企业金融排斥的产生背景具有一般市场经济国家的共性（Burchardt et al., 1998；Kempson et al., 1999；Leyshon et al., 1995）。

第一，社会环境恶化。一般来说，社会环境恶化会引起失业率升高、收入差距拉大、收入水平降低、社会治安混乱、家庭暴力频发、青少年犯罪活动增加等社会政治问题，一系列社会政治问题使以小微企业为代表的弱势群体边缘化，受到严重的社会排斥，导致其正常、合理的社会需求不能实现。金融需求是小微企业社会需求中的一部分，通常也是最难得到满足的一部分。因此，社会环境恶化会引起社会排斥加重，社会排斥和金融排斥相辅相成，进而使小微企业金融排斥更加突出。

第二，经济进入萧条期。20世纪80年代欧美发达国家纷纷进入经济萧条期，社会经济投资不足，市场消费萎缩。随着经济的下滑，大量企业纷纷违约、倒闭，金融风险向商业银行集中，商业银行不良资产上升，利润大幅萎缩，部分商业银行也因此面临倒闭，生存压力增大。基于生存考虑，商业银行降低风险偏好和风险容忍度，注重细分市场，追逐那些安全、稳定、低风险、高质量的大中型企业，而将小微企业视为高风险企业从客户范围中分离出去，使小微企业金融排斥程度提高。

第三，金融管制放松，市场竞争激烈。20世纪80年代以来，欧美国家放松了对商业银行的金融管制，商业银行业务范围扩大，同时商业银行数量激增，市场竞争加剧。商业银行开始注重细分客户市场，根据不同客户类型创新金融产品进行差异化竞争，而这种创新更多地建立在能够为商业银行带来稳定利润的客户的基础上，最后导致优质客户、高净值客户被追捧，而那些不能为商业银行带来稳定利润的弱势群体被忽略，导致小微企业金融排斥问题加重。

第四，计算机技术广泛应用。20世纪80年代以来，欧美商业银行普遍采用计算机技术对借款人进行信用评分，借助于计算机，商业银行可以快速高效判断借款人风险，并根据不同的评分提供不同价格的金融产品和服务，商业银行的信用风险识别和产品定价能力也有所提高。然而这项技术却使那些信用记录比较差或没有信用记录的借款人被自动过滤掉了。另外，商业银行采用计算机技术创新金融产品，其复杂程度超出了金融弱势群体的认知范围。由此可见，计算机技术是一把双刃剑，在提高银行效率的同时，也自动将小微企业的金融需求排除在外。

总体来看，国外小微企业受到商业银行金融排斥主要是市场筛选的结果，是商业银行追求稳定利润、规避风险的理性选择，是金融资源主要由市场配置导致的效率损失和公平问题。另外，计算机技术是中性的，其使用的结果取决于使用者的意图，既可以为使用者提供便利，也可以设置相关变量和参数轻易将小微企业排除出系统。

3.1.2 我国小微企业金融排斥的产生背景

我国与发达国家在经济发展水平、社会政治经济体制等诸多方面存在差异，这构成我国小微企业金融排斥的产生背景。

第一，我国正在经历转型。转型期间，我国社会、政治、经济、金融领域正在进行重大改革，然而经济改革和金融改革没有同步，金融改革常常滞后于经济改革，主要为国有企业设计的、单一的、垄断的金融机构不能满足占半壁江山的、以民营经济为主体的中小微企业的金融需求。同时，在转型期间，我国一些领域出现"泛市场化"现象，从而使小微企业面临激烈的市场竞争。另外，改革要求"抓大放小"，国家将有限的金融资源首先用于关系国计民生的国有大型企业，从而挤压了中小微企业尤其是小微企业的金融资源获取空间，这是造成我国小微企业金融排斥比国外严重的制度性因素。

第二，我国金融体系不健全。我国大型金融机构数量少，竞争不充分，加上小微业务单位成本高和信息不透明等原因，大型金融机构一直排斥为小微企业服务。能够为小微企业融资的中小金融机构不仅数量少，金融资源有限，而且业务范围受到各种政策约束，运行管理机制不规范。同时由于我国征信制度不健全，缺乏专门为小微企业服务的信用评级机构，使部分小微企业的首次授信问题难以解决。现行的担保制度使小微企业通过担保、再担保等手段增信的成本过高。另外，金融市场比金融机构要求更多的信息披露，小微企业在金融机构没有融到资，就更难在金融市场融资。我国天使投资、风险投资和私募股权融资市场刚起步，配套制度不健全，人才缺乏，操作经验不足，导致小微企业在通过此类途径获取金融服务时遇到障碍。

第三，商业化改革使金融机构数量锐减。面对金融全球化的压力以及金融机构自身发展的需要，我国国有金融机构进行了商业化改革。出于成本收益考虑，我国对网点机构进行裁减合并，据统计，在1998—2001年国有金融机构撤并境内分支机构和营业网点达到4.4万个，而这些撤并的网点主要集中在边远落后地区和农村地区，造成这些地区出现金融服务"真空"，加重了原有的金融排斥问题。

我国小微企业受到商业银行金融排斥主要是金融机构数量少、信贷市场垄断的结果，是商业银行享受政策红利和制度红利而忽视小微企业金融需求的结果。由此可见，我国小微企业金融排斥不仅有经济、金融和技术方面的影响，还体现了小微企业话语权的缺失。

横向对比国内外小微企业金融排斥，笔者发现，国外小微企业受到商业银行金融排斥主要是市场筛选的结果，而我国小微企业受到商业银行金融排斥主要是商业银行信贷市场垄断的结果。因此我国小微企业金融排斥问题更严重，治理方法也更复杂和困难。同时，这也从横向印证了小微企业金融排斥的动态性。

3.2　小微企业金融排斥的演化趋势

小微企业金融排斥产生以后，将依次经历发展、成熟和衰亡的过程，这一过程就是小微企业金融排斥的演化过程。

3.2.1　六维度金融排斥及其因素拆分

研究演化机理，要站在历史的高度审视事物的产生、发展、成熟及衰亡过程。本书使用社会历史观的研究方法，以Kempson和Whyley的六维度金融排斥为理论抓手，试图从微观缩影中找到宏观的、影响金融排斥趋势的更为一般性的因素。之所以选取六维度金融排斥，是因为六维度金融排斥在学术界的影响力大，得到很多学者的认同；另外，六维度金融排斥理论体系比较完善，包括的内容相对全面，逻辑思路清晰。

1. 六维度金融排斥的企业表现

六维度金融排斥是由英国学者 Kempson 和 Whyley 提出的，具体包括地理排斥（geography exclusion）、评估排斥（assessment exclusion）、价格排斥（price exclusion）、条件排斥（condition exclusion）、营销排斥（marketing exclusion）和自我排斥（self-exclusion）。六维度金融排斥主要用来度量区域或个人的金融排斥程度。本章借鉴各个维度金融排斥的内涵，构造出小微企业在每个维度的不同表现，如表 3-1 所示。

表 3-1　六维度金融排斥的企业表现

排斥维度	金融排斥的企业表现
地理排斥（g）	小城市、经济欠发达地区商业银行数量少，小微企业无法快捷有效地获取金融服务。商业银行通常也不会为相距较远的小微企业提供金融服务
评估排斥（a）	有些小微企业信用评分低，或缺乏信用档案没有信用评分，无法满足商业银行的最低信用分值要求
价格排斥（p）	商业银行提供的贷款利率过高，超过了部分小微企业的经济承受范围
条件排斥（c）	商业银行要求小微企业提供抵押担保，贷款条件过于严格，超出了小微企业的资本实力范围
营销排斥（m）	商业银行的市场营销和产品设计主要面向大中型企业，难以满足小微企业多样化的金融需求
自我排斥（s）	商业银行提供的贷款条件、金额、利率、时间和小微企业的特征不匹配，迫使小微企业主动放弃商业银行的金融服务

　缓解中国商业银行金融排斥小微企业研究：基于互联网软信息成本角度

2. 小微企业六维度金融排斥影响因素拆分

第一，地理排斥。经济发展水平高，商业银行之间竞争激烈。为了降低成本，商业银行会关闭落后地区的营业机构，同时又在经济较发达的地区增设新的网点机构，前者会使地理排斥提高，后者则会使其降低。因此从一个大的区域来看，经济发展水平对地理排斥有正负两方面的影响。另外，信息技术发达，商业银行开通手机银行、网上银行业务，可以降低收集偏远地区小微企业的信息成本，缓解了信息不对称，地理排斥会减弱。

第二，评估排斥。经济发展水平高，市场评估技术高，更多资产和信息被纳入小微企业风险评估范围，评估排斥会降低。同时，如果信息成本高，商业银行将仅仅使用财务信息评估风险，财务信息不足的特点将导致小微企业直接被从商业银行的客户范围中排除；如果信息成本低，商业银行就会采用多种类型的信息识别风险，能够更科学、合理地评估信用风险，评估排斥会减弱。

第三，价格排斥。一方面，高风险企业的利率承担能力强于低风险企业，经济发展水平高，高风险小微企业绝对数量多，这提高了低风险企业的价格排斥；另一方面，经济发展水平高，社会金融资源丰富，金融市场发达，整个社会的融资成本较低，小微企业的价格排斥也会随之减弱。另外，如果信息成本高，商业银行就会将成本部分或全部转嫁给小微企业，导致小微企业贷款利率提高，小微企业价格排斥会增强。

第四，条件排斥。经济发展水平低，社会配套不完善，金融体系不健全，商业银行会要求小微企业提供较高抵押担保以降低经营风险；经济发展水平高，金融体系配套完善，商业银行风控技术和能力增强，会主要发放信用贷款，降低抵押贷款比重，导致小微企业条件排斥减弱。另外，信息成本高，商业银行无法了解企业的经营状况、市场前景和企业家个人信息，为降低风险，会要求小微企业提供较高的抵押担保，此时条件排斥增强。

第五，营销排斥。经济发展水平高，先进的科学技术使商业银行营销渠道、手段、工具随之进步，导致其细分客户的成本降低，减弱了小微企业营销排斥。与此同时，商业银行之间的竞争激烈，商业银行都倾向于抢占高净值客户，忽略低价值客户，小微企业营销排斥增强。同时，当信息成本较高时，商业银行将很难准确了解小微企业的市场需求及融资特点，无法进行有效的产品定位和市场宣传，此时营销排斥增强。

第六，自我排斥。商业银行设置层层障碍，迫使小微企业主动放弃正常、合理的金融需求。经济发展水平高，金融衍生品的复杂性超出了某些小微企业的认知范围，从而增强其自我排斥；另外，经济发展水平高，小微企业对市场充满信心，自我肯定增强，自我排斥减弱。同时，如果商业银行的信息成本高，信息不对称性将会比较高，受部分信用较差的小微企业影响，商业银行很容易对小微企业产生偏见与歧视，从而加强小微企业融资经历的挫败感，导致部分小微企业主动放弃金融需求，自我排斥增强。

综上所述，信息成本和经济发展水平贯穿于所有维度金融排斥。其中信息成本与所有维度金融排斥程度正相关，信息成本高，各种维度金融排斥增加，反之则各种维度金融排斥减弱。经济发展水平对各种维度金融排斥的影响表现出多样性，经济发展水平与条件排斥、评估排斥负相关，与地理排斥、价格排斥、营销排斥和自我排斥存在正负两方面的影响，正负力量的最终取舍视具体的社会经济环境而定。

3.2.2 小微企业金融排斥演化趋势的数理表现

假设地理排斥、评估排斥、价格排斥、条件排斥、营销排斥和自我排斥分别用 g、a、p、c、m、s 表示，软信息成本和经济发展水平分别用 i、y 表示。表3-2归纳了六维度金融排斥的函数表达式和软信息成本、经济发展水平对其的影响方向。

表3-2　六维度金融排斥函数表达式和软信息成本、
经济发展水平对其的影响方向

金融排斥维度	函数表达式	软信息成本	经济发展水平
地理排斥	$g = \pi(i, y)$	$\dfrac{\partial g}{\partial i} > 0$	$\dfrac{\partial g}{\partial y} \leqq 0$
评估排斥	$a = \varphi(i, y)$	$\dfrac{\partial a}{\partial i} > 0$	$\dfrac{\partial a}{\partial y} < 0$
价格排斥	$p = \varphi(i, y)$	$\dfrac{\partial p}{\partial i} > 0$	$\dfrac{\partial p}{\partial y} \leqq 0$
条件排斥	$c = \chi(i, y)$	$\dfrac{\partial c}{\partial i} > 0$	$\dfrac{\partial c}{\partial y} < 0$
营销排斥	$m = \psi(i, y)$	$\dfrac{\partial m}{\partial i} > 0$	$\dfrac{\partial m}{\partial y} \leqq 0$
自我排斥	$s = \omega(i, y)$	$\dfrac{\partial f}{\partial i} > 0$	$\dfrac{\partial f}{\partial y} \leqq 0$

假设用小微企业金融排斥指数（e）——六维度金融排斥的综合加权度量金融排斥，权重用 P_x 表示，$x = g$、a、p、c、m、s，且 $0 \leqq P_x \leqq 1$，$\sum P_x = 1$，则

$$e = P_g g + P_a a + P_p p + P_c c + P_m m + P_s s \qquad (3-1)$$

由式（3-1）及表3-2可知，软信息成本和经济发展水平是小微企业金融排斥指数的函数：

$$e = f[\,\pi(i,y)\,,\varphi(i,y)\,,\phi(i,y)\,,\chi(i,y)\,,\psi(i,y)\,,\omega(i,y)\,]$$
$$= F(i,y)$$

即 $e = F(i,\ y)$ (3-2)

从上面分析得出：$\dfrac{\partial e}{\partial i} > 0$，$\dfrac{\partial e}{\partial y} \gtreqless 0$

由 $\dfrac{\partial e}{\partial i} > 0$ 可看出：软信息成本提高，金融排斥指数上升，反之则下降。因此采用特殊的制度安排、技术手段降低信息成本，可以降低金融排斥指数，实现"$A \rightarrow B \rightarrow C$"的不断移动（如图 3-1 所示）。

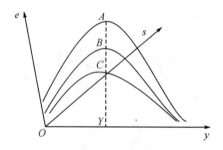

图 3-1　软信息成本和经济发展水平对小微企业
金融排斥指数的影响趋势

由 $\dfrac{\partial e}{\partial y} \gtreqless 0$ 可看出：金融排斥与经济发展水平的关系不确定，Kempson（1999）研究英国金融排斥的区域特点，发现金融排斥与基尼系数之间存在相关性。参考基尼系数与经济发展水平的库兹涅茨效应，本书认为金融排斥与经济发展水平也存在库兹涅茨效应，即金融排斥指数随着经济发展水平的提高先上升后下降，长期轨迹是先恶化后改进。

假设经济发展水平存在临界值 Y，则经济发展水平与企业金融排斥指数的关系如下：

$$\frac{\partial e}{\partial y} = \begin{cases} > 0, & y < Y \\ = 0, & y = Y \\ < 0, & y > Y \end{cases} , \ \text{且} \ \frac{\partial^2 e}{\partial y^2} < 0$$

几点说明：

（1）当 $y < Y$ 时，$\frac{\partial e}{\partial y} > 0$：当经济发展水平低于临界值时，经济发展水平提高，金融排斥指数增大。

（2）当 $y = Y$ 时，$\frac{\partial e}{\partial y} = 0$：经济发展水平等于临界值，拐点出现，金融排斥指数达到最大值。

（3）当 $y > Y$ 时，$\frac{\partial e}{\partial y} < 0$：当经济发展超过临界值时，经济发展水平提高，金融排斥指数减小。

（4）$\frac{\partial^2 e}{\partial y^2} < 0$：边际金融排斥指数递减，即经济发展水平越高，金融排斥指数的增长速度越小。

3.2.3 软信息成本与小微企业金融排斥演化趋势

信息技术水平、信息技术普及度和信息传递空间范围影响着软信息成本。一般来说，信息技术水平越先进、信息技术普及度越高、信息传递空间范围越小，软信息成本越低。从整个人类历史来看，信息技术水平经历了烽火台、信鸽、马车、火车、电报、电话、手机、互联网的变迁，每一种信息技术传递速度都较前一种信息技术更快，使用范围更广，相对而言，极大地节约了软信息成本，这是信息技术能够不断升级换代的经济动机。一项信息技术（尤其是使用光电信号作为传递媒介的信息技术）的普及度越高，使用人数越多，对软信息成本的节约越明显，这主要得益于信息技术的边际成本递减规律。同时，信息在小范围的传递成本小于在大范围内的传递成本，熟人社会的软信息成本小于生人社会的软信息成本就是这个道理。

金融排斥是社会发展特定阶段的产物，不是一开始就存在的。如果从信息时代来划分，它应该产生自电话时代，在这一时代，信息传递范围的大小决定着软信息成本的高低。

当信息传递产生在熟人社会时，信息传递空间范围小，人口流动少，小微企业数量少，小微企业更多在距离自己较近的商业银行融资，小微企业与商业银行关系密切，商业银行对企业的经营发展状况及企业主人品素质、社会资源比较了解，信息相对透明，商业银行收集小微企业的软信息成本非常低，小微企业金融排斥程度很低。

当信息传递产生在生人社会时，借贷关系发生在广阔的地域空间，人口流动大，小微企业数量激增。在电话时代，商业银行收集企业软信息靠的是人海战术，如电话询问、面对面访谈、问卷调查等，是一种比较原始的、低层次的金融展业模式。软信息的收集和获取难以进行规模化操作，软信息成本主要体现在其人工成本方面，软信息成本的下降空间很小，软信息成本比较高。因此，商业银行不能全面了解企业和企业主的情况。商业银行与小微企业之间信息不对称程度高，商业银行为了控制风险要求小微企业提供足够的抵押、担保资产，并设定较高的贷款利率，小微企业金融排斥程度高。

当信息传递范围一定时，提高信息技术水平降低软信息成本，有助于缓解小微企业金融排斥。生人社会在传统信息技术水平下[①]，小微企业金融排斥程度高。当信息技术提档升级成为互联网信息技术时，随着互联网技术的广泛使用，整个社会的软信息成本大幅降低，商业银行和小微企业之间的信息不对称

---

① 假定传统信息技术是以电话为主要信息传递手段。

程度降低，导致小微企业所受的金融排斥减弱。互联网技术革命性地颠覆了信息的传递方式，商业银行运用互联网技术，传统软信息收集的人海战术将会被计算机程序的自动化处理替代，利用互联网技术收集和使用软信息具有规模经济效应，软信息边际成本递减，甚至降为零。因此，当软信息规模越来越大时，商业银行的软信息成本将大幅降低，以此带动小微企业金融排斥程度降低。

当一项信息技术使用的人数多、普及度比较高时，这项信息技术带来的社会影响力就比较大，该项信息技术就能显著降低整个社会的软信息成本，从而可以使小微企业金融排斥程度降低。这方面的例子有互联网金融在我国的发展，以及手机银行在非洲国家的推广，而这些信息技术引起的金融创新在美国没有引起这么大的反响。其中一个重要原因就是这些技术在中国和非洲国家有着非常高的普及度，大幅度降低了金融资源供求主体之间的软信息成本，使金融资源供求主体成功对接，因此显著地缓解了小微企业金融排斥。我国金融改革没有跟上经济发展的脚步、金融服务配套落后、整个社会信用环境差、投资渠道缺乏，因此，我国长期存在着严重的金融压抑。互联网金融可以在某种程度上释放这种压抑，解决其长期存在的痛点，从而打下坚实的市场基础。受到很多使用者的青睐，互联网金融在我国的发展速度很快，普及度迅速飙升，短期内大幅降低了资金供求双方的软信息成本，从而有效地满足了部分小微企业的融资需求，因此在一定程度上缓解了我国小微企业金融排斥。手机银行在南非、肯尼亚等国家的成功实施也基本是类似的情况。美国金融业发达，金融资源丰富，整个社会信用环境好；同时美国信息技术水平发达，商业银行可以低成本收集和使用小微企业的软信息，因此美国小微企业金融排斥并不严重。手机银行、互联网金融等由新技术带来的金融业务大多数需要在手机上操作，由于手机屏幕小、互动性差、安全隐患多等原因，手机银行、互联网金融的使用人数较少，普及率低，软信息成本没有明显的节省，因此这些技术对美国小微企业金融排斥的缓解程度有限。

由此可见，商业银行的软信息成本受时间、空间和使用人数的约束。从时间维度来看，软信息成本随时间的推移逐步减少；从空间维度来看，软信息成本又随着空间范围的扩大而增加；从使用人数来看，软信息成本又随着普及度的提高而减少。软信息成本是三方面作用的综合结果，小微企业金融排斥也随着这三股力量的作用而演化。

3.2.4 经济发展水平与小微企业金融排斥演化趋势

经济发展水平与小微企业金融排斥存在库兹涅茨效应，小微企业金融排斥指数随着经济发展水平的提高先上升后下降，长期轨迹是先恶化后改进。

经济发展水平较低的情况，典型的如我国西部经济较落后地区，产业结构单一、商品经济不发达、市场规模小、金融资源供给主体比较少；同时企业总体数量少、规模小、以劳动密集型企业为主，所以企业融资量少，融资渠道主要是自有资金、亲朋好友借款，其次是民间借贷，只有零星的企业向商业银行借款，金融排斥程度低。

经济发展到一定水平，这种情况如我国东部经济发达地区，商品经济逐步发育、市场规模不断扩大，企业数量猛增，并且出现了一定数量的大中型企业。但是金融的发展速度滞后于经济发展，金融市场力量薄弱，商业银行在金融体系中占据主导地位，商业银行倾向于为实力雄厚的大中型企业提供金融服务，而拒绝为风险抵御能力较弱的小微企业服务，导致小微企业金融排斥程度较高，并且出现随经济发展水平提高而上升的趋势。

在美国这样的发达国家，经济发展水平很高，商品经济发达、社会融资总量丰富、金融体系完善，金融市场在金融体系中占据重要地位。企业数量增长缓慢，企业资金积累能力提高，其中大中型企业主要在金融市场融资，小微企业主要通过金融机构融资。同时金融机构细分客户市场，大量专门为小微企业融资的中小型商业银行产生。另外，小微企业金融排斥问题引起社会的关注，一些国际组织、民间机构和政府部门广泛参与其中，从而导致小微企业金融排斥程度较低。在这种情况下，经济发展水平越高，小微企业金融排斥程度越低。

在我国经济制度下，经济发展水平对小微企业金融排斥的库兹涅茨效应更为明显。以前受计划经济的影响，我国实行"大一统"的资源配置方式，金融资源也不例外，国有金融机构几乎遍布我国所有村镇（以农信社为代表），这种以行政区划为单位的金融资源供给方式在2000年之前基本可以满足小微企业（尤其是乡镇企业）的金融需求，小微企业金融排斥程度低。2000年以后，我国经济发展水平到了一个新阶段，国家实行金融改革，强调金融资源的使用效率，按照市场经济的思路在地理空间上布局金融机构，撤销、合并大量位于边远落后地区的金融机构，使得这些地区的小微企业金融排斥状况恶化。同时我国又在经济比较发达的地区增设新的服务网点。但是在以财务指标为依据的信贷审批制度下，发达地区小微企业正常、合理的金融需求并不容易得到满足，小微企业融资难成为普遍现象，金融排斥严重。目前小微企业金融排斥问题已受到政府和社会各界的重视与反思，国家开始出台各种政策及措施缓解小微企业金融排斥问题，然而效果并不显著，可能是由于经济发展水平尚未超过临界点。相信随着我国经济发展水平的进一步提高和一系列政策措施的逐步落实，小微企业金融排斥将会有所减弱。

3.3 实证检验

为了验证经济发展水平和软信息成本对小微企业金融排斥
趋势的影响，本章采用我国商业银行、小微企业和宏观经济的
相关数据进行实证检验。

3.3.1 指标选取和数据来源

由式（3-1）可知，小微企业金融排斥指数是六维度金融排
斥的综合加权。但是由于小微企业数据所限，笔者只搜集到
2005—2016年商业银行对小微企业贷款总额的季度数据。2011
年国家对企业的界定标准发生改变，小微企业的数量也随之出
现重大变化，绝对数量没有参考价值，但是从中可以粗略得出
小微企业数量的年增长率为3%~5%。因此，本章采用经过小微
企业数量调整后的小微企业贷款总额作为衡量金融排斥指数的
逆向指标，认为小微企业得到的贷款总额越多，金融排斥指数
越小。

经济发展水平指标用 GDP 来度量，软信息成本用信息技
术水平的三个指标——移动电话用户、宽带接入用户、光缆线
路长度来度量，其与软信息成本成反比，也是逆向指标（见
表3-3）。

表3-3 实证指标选取

指标体系	测试指标	指标性质	均值	标准差
金融排斥指数	贷款总额/万亿元(Y)	逆向	9.24	3.32
经济发展水平	GDP/万亿元(X_1)	正向	115 824.9	28 970.11

表3-3(续)

指标体系	测试指标	指标性质	均值	标准差
软信息成本	移动电话用户/万户(X_2)	逆向	2 698.89	628.31
	宽带接入用户/万户(X_3)	逆向	550.85	149.12
	光缆线路长度/万千米(X_4)	逆向	12 090 433	4 100 999.01

注：数据来源于国家统计局网站、中国人民银行网站、小微企业年鉴和 CSMAR（中国证券市场与会计研究）系列研究数据库。

数据分析之前，笔者先用 Min-max 标准化方法对指标进行标准化处理，达到同趋化和无量纲化。其中标准化处理公式如下：

$$正向指标标准化：x_i = \frac{X_i - \min X}{\max X - \min X} \qquad (3-3)$$

$$逆向指标标准化：x_i = \frac{\max X - X_i}{\max X - \min X} \qquad (3-4)$$

其中，x_i 为处理后的新数据，$\max X$、$\min X$ 分别为最大值和最小值。

3.3.2 模型检验

由于所用数据均为时间序列数据，需要检验其平稳性，用 EG 两步法考察是否存在协整关系。从检验结果看，单位根检验的 Machinnon 临界值分别为 -4.187、-3.516、-3.190，Y、X_1、X_2、X_3、X_4 的 t 值均小于 -3.516，说明这五个变量均是一阶单整的。由于回归的结果 e_t 是平稳的，所以 Y 和 X_1、X_2、X_3、X_4 之间存在协整关系（见表3-4）。

表3-4　两种模型的回归参数比较

变量	(1) Y	(2) Y
X_1	0.063 5 (1.83)	-0.017 1 (-0.34)
X_2	0.228*** (5.65)	0.249*** (6.25)
X_3	0.045 4 (0.92)	0.078 5 (1.58)
X_4	1.137*** (23.23)	1.115*** (23.22)
X_1^2		0.067 8* (2.18)
_cons	-0.227*** (-4.64)	-0.221*** (-4.71)

注：* 和 *** 分别为10%和1%的显著性水平。

根据经济发展水平与金融排斥的关系，回归模型分为两种情况：

（1）线性回归：

$$Y = -0.227 + 0.063 \, 5X_1 + 0.228X_2 + 0.045 \, 4X_3 + 1.137X_4 + e_t$$

$$(3-5)$$

（2）非线性回归：

$$Y = -0.221 - 0.017 \, 1X_1 + 0.249X_2 + 0.078 \, 5X_3 + 1.115X_4 +$$
$$0.067 \, 8 \, X_1^2 + e \qquad (3-6)$$

从回归结果来看，两种模型软信息成本三个指标的符号都为正，与理论预期相符。其中两个指标对小微企业金融排斥指数影响显著，说明软信息成本提高，小微企业金融排斥指数提高；相反，降低软信息成本则可以有效地降低小微企业金融排斥指数。实证检验显示，当前通过采用先进的信息技术降低软信息成本可以显著改善小微企业金融排斥。

经济发展水平在两种模型中表现不同，线性回归模型的 X_1 符号为正，不显著，意味着经济发展水平越高，金融排斥指数越高；在非线性模型中，加入 X_1^2 项，X_1 为负，不显著；X_1^2 为正，显著，与理论预期相反。原因有二：一是所用数据时间跨度较短，而理论刻画小微企业金融排斥的整个发展趋势，所以数据样本区间不一定能代表总体区间；二是模型设定有误，倒 U 曲线并非只有二次型结构模拟，模型可能存在其他的函数形式。

因此，根据所选数据特点，本书采用线性模型代表样本区间金融排斥与经济发展和软信息成本的长期均衡关系。由式（3-5）可知，在样本区间内经济发展水平与小微企业金融排斥指数正相关，可能是样本区间内经济发展水平尚未超过临界点，如果用美国的相关数据模拟，两者可能会出现负相关。从这一点来看，式（3-5）能粗略地说明我国现阶段小微企业金融排斥与经济发展水平和软信息成本的关系。

3.3.3 误差修正模型

短期修正模型的回归结果见表 3-5。

表 3-5　短期修正模型的回归结果

dY	Coef	Std.Err.	t	$P>\vert t \vert$	［95% Conf.	Interval］
dX_1	−0.006 596 7	0.010 748 5	−0.61	0.543	−0.028 288 1	0.015 094 7
dX_2	−0.022 861 4	0.029 882 4	−0.77	0.449	−0.083 166 6	0.037 443 7
dX_3	−0.140 617 9	0.027 079 7	−5.19	0.000	−0.195 267	−0.085 968 8
dX_4	1.076 768	0.016 915 4	63.66	0.000	1.042 631	1.110 904
e L1.	−0.049 928 3	0.005 740 6	−8.70	0.000	−0.061 513 3	−0.038 343 2
_cons	0.013 223	0.001 865 1	7.09	0.000	0.009 459 1	0.016 986 9

小微企业金融排斥指数与经济发展水平和软信息成本之间存在协整，表明三者之间存在长期均衡关系。但从短期来看，可能会出现波动，因此将回归式（3-5）中的误差项 e_t 当成一个解释变量，建立短期修正模型。

$$\Delta Y_t = 0.013\,2 - 0.006\,6\Delta X_1 - 0.022\,9\Delta X_2 - 0.140\,6\Delta X_3 + 1.076\,8\Delta X_4 - 0.049\,9\,e_{t-1} \tag{3-7}$$

$$t = (7.09) \quad (-0.61) \quad (-0.77) \quad (-5.19)$$
$$\quad\;(63.66) \quad (-8.70)$$

$$R^2 = 0.496\,9 \qquad DW = 1.748\,6$$

误差项 e_{t-1} 的系数是-0.049 9，作为系统对前一期偏离的修正，表明系统存在误差修正机制。因此，小微企业金融排斥指数的变化不仅取决于经济发展水平和信息成本的变化，而且还取决于上一期两者对均衡水平的偏离。

3.4　小结

金融排斥是动态变化的，不同社会经济背景下的小微企业金融排斥不同，并存在特定的演化过程。

本章首先分析小微企业金融排斥的产生背景，说明金融排斥的动态性，同时指出我国小微企业金融排斥的严重性和复杂性。

其次，本章从社会历史观的纵向视角研究小微企业金融排斥的演化趋势，发现软信息成本和经济发展水平是影响金融排斥趋势的关键。软信息成本和金融排斥正相关，软信息成本高，小微企业金融排斥程度高，反之则低。经济发展水平与金融排斥存在库兹涅茨效应：当经济发展水平低于某一临界值时，提高经济发展水平，小微企业金融排斥增强；当经济发展水平超过临界值时，提高经济发展水平，小微企业金融排斥减弱。

最后，本章对我国小微企业金融排斥的演化趋势进行了实证研究。结果显示，采用先进的信息技术降低软信息成本可以有效缓解小微企业金融排斥。在互联网对整个社会的渗透过程中，全社会的信息成本不断下降，会带动小微企业金融排斥水平的回落。因此随着"互联网+"发展战略的影响逐步扩大，降低软信息成本对于缓解小微企业金融排斥的作用将会显著加强。实证研究还表明经济发展水平对小微企业金融排斥的影响为正向，不显著，可能是现阶段我国的经济发展水平尚未超过临界值，导致经济发展水平提高，小微企业金融排斥增强。预计当我国经济发展水平超过临界值时，提高经济发展水平，小微企业金融排斥程度将会降低，并呈现加速下降的趋势。

4 我国商业银行金融排斥
小微企业的内在逻辑
与小微企业业务价值研究

　　第3章从宏观、动态的角度考察小微企业金融排斥的演化过程，说明小微企业金融排斥存在客观性，并受到社会经济发展水平和软信息成本的制约。本章首先从微观和静态的角度，从我国商业银行的偏好和偏好形成机制入手分析我国商业银行金融排斥小微企业的内在逻辑；其次使用案例分析法对富国银行、蚂蚁集团和民生银行的小微企业业务经验进行总结，证明了小微企业业务具有很高的投资价值，能为金融机构带来可观的经济利润；最后指出对我国商业银行包容小微企业的相关启示。

4.1 我国商业银行金融排斥小微企业的内在逻辑

　　商业银行选择服务哪种类型的客户，为其提供多少贷款，制定多高的利率是经过其综合考虑所做出的理性的、具有倾向性的选择，是商业银行对客户认知、心理感受及经济权衡的综合。这些最终形成商业银行的偏好。

一般来说，我国商业银行偏好包括政治收益、社会责任和经济利润三方面，体现出我国商业银行的政治属性、社会属性和经济属性。我国商业银行的负责人许多是由政府官员调任而来，或与政府官员有密切往来。为了个人官场晋升或得到更多的政府资源，商业银行的掌权人有可能会以权谋私，利用职务关系为政府支持或有政府背景的企业提供金融服务，这些企业主要是国有企业、政府融资平台和房地产企业。本书定义商业银行的政治效用为商业银行掌权人为了仕途升迁或建立良好政治关系获得的收益。商业银行作为配置我国金融资源的主要载体，其配置手段和配置结果受到广泛的社会监督，如果商业银行过分偏袒某一类型的融资主体而排斥其他类型的融资主体，就会遭到普遍的舆论谴责。这时政府也会施加压力，出台政策或颁布新的监管要求、业务指导方针要求商业银行承担一定的社会责任。一般来说容易遭到商业银行排斥的群体包括小微企业和低收入者等，基本上为社会经济中的弱势群体。商业银行在强大的外部压力下为弱势群体提供金融服务，这表现为商业银行的社会效用。作为一个商业性经济组织，追求经济利润是商业银行的主要目的，这就要求商业银行在成本一定的情况下，尽可能地提高收益使利润最大化；或在收益一定的情况下，尽可能地降低成本使成本最小化，这是商业银行的经济属性。商业银行从事跨时间、跨空间的价值交换（陈志武，2009），商业银行的每个业务链条都存在着不确定性，潜伏着各种类型的风险（如市场风险、信用风险、操作风险等），并且不同的客户对象风险各异。商业银行要选择在其风险容忍范围之内，能为其带来稳定收益的客户对象进行服务。

以企业客户为例，大中型企业财务报表、资产评估报告等齐全，经营状况等信息相对透明，信用风险相对较低，具有可预期的收入来源；小微企业财务会计制度不健全，固定资产缺乏，抵押担保能力薄弱，市场不确定性大，信用风险高，预期收入不稳定，企业利润波动大。因此，从经济利润和风险偏好要求来看，商业银行倾向于服务大中型企业，并排斥小微企业的金融需求。

很多大中型企业都是国有企业，主要由政府出资，即使出现信用风险也会由政府兜底为其买单，而不会出现某些小微企业会有的破产违约，小微企业主跑路、消失等找不到负责人的情况。另外，大中型企业一般具有一定的市场垄断性，资金实力雄厚，受到政府的庇护，倒闭违约的概率很低，所以大中型企业信用风险低，商业银行最后的收益实现有保障。小额业务贷款的单位成本高，信用风险大，容易形成呆账、坏账，导致不良率较高。因此，从我国商业银行的偏好来看，小微企业根本就不属于能够为其带来利润的、正常的客户，所以小微企业金融排斥这么多年在我国一直是一个难以从根本上打开的死结。商业银行能在多大限度上为小微企业提供金融服务主要取决于政府与社会施加的压力。

4.2　三家金融机构服务小微企业案例研究

本书从国内外的三个案例入手分析其他金融机构为小微企业提供金融服务的操作经验，试图为我国商业银行服务小微企业提供一些启示。

4.2.1　富国银行

美国富国银行将自己定位为一个服务小区乡里的零售商业

银行。在深入分析小微企业的特性、潜在金融需求和信用风险状况的基础上，富国银行细分客户市场，将小微企业贷款产品分为"企业通"和"小企业银行"，其中"企业通"主要为销售额低于200万美元的小微企业发放，提供最高额度为10万美元的无抵押担保循环贷款，并且不需要提交纳税申报表或财务报表。"企业通"开了美国小微企业信贷的先河，十多年的蓬勃发展使富国银行成为美国最大的小微企业贷款银行，曾连续五年在全美小企业贷款业务上名列第一。这说明只要操作得当，服务小微企业不但可以分散风险，而且还能获得较高的经济回报。富国银行小微企业业务取得成功有以下几点原因：

（1）根据小微企业特征进行金融产品创新。

富国银行根据小微企业特征进行金融创新是为了克服传统小微企业贷款发放程序的高成本问题。小微企业贷款金额小，如果按照传统的贷款程序由客户经理逐笔审核发放，成本无疑是非常高的。并且小微企业雇员人数少，财务报表不规范，具有明显的人格化特征，一系列硬伤使小微企业无法满足银行对企业贷款的要求。针对这一问题，富国银行设计了"企业通"等。如表4-1所示，"企业通"的目标客户是年销售低于200万美元，有0~9个雇员的小微企业，贷款上限为10万美元。参考个人信贷方式，小微企业申请贷款时不需要提交纳税申报表或财务报表，富国银行不要求提供抵押担保，通过邮件、电话或柜台等方式发放，没有客户经理，审批和管理采取集中的工厂化管理方式。富国银行以"企业通"为代表的产品创新，符合小微企业信贷特点，解决了以往小微企业信贷的痛点，因此具有坚实的市场基础。

表 4-1　富国银行小微企业贷款分类

贷款产品	企业通	小企业银行
目标客户	年销售小于 200 万美元，有 0~9 个雇员，企业经营有一定年限	年销售在 200 万~2 000 万美元，有 10~20 个雇员
贷款额度	不超过 10 万美元	100 万美元或更高
提交资料	不需要纳税申报表或财务报表	需要财务报表
申请方式	邮件、电话或柜台	客户经理
担保方式	无担保物	通常需要提供担保

（2）开展交叉销售。

富国银行开展交叉销售的目的是提高单个客户的利润贡献度，试图通过增加客户的消费次数、丰富客户的消费产品提高银行利润。20 世纪 90 年代以来，富国银行交叉销售一直处于稳步上升状态，交叉销售率位居美国银行业首位（林立，2012）。富国银行小微企业主平均使用 7 个以上金融产品。顾客购买的产品和服务越多，银行的运营成本越低，单个客户的利润贡献度越大。积累了客户大量的交易信息和消费信息，富国银行据此可以全方位了解客户，信息不对称程度降低，小微企业的信用风险也能够比较准确地识别与度量。反过来，富国银行又可以根据小微企业的需求特点和信用状况为其提供多样化的产品和服务。

（3）改进信贷业务流程。

如果按照传统信贷业务操作程序发放小微企业贷款，由于运营成本过高，银行将无法赢利。因此在产品创新的同时，必须进行业务流程再造。富国银行在推出"企业通"的同时，大力优化授信程序。从表 4-2 可以看出，新推出的授信程序在申请方式、提交资料、审核方式、审核频次、担保方式、信用记录类型、贷款损失等维度与传统授信程序相比存在很大的不同。

新流程一方面通过信息技术尽量减少授信工作的人力成本和办公场地等固定成本，另一方面逐渐淡化财务报表、纳税报表、担保抵押等硬信息对小微企业信用评估的负面作用。

表 4-2　富国银行小微金融业务授信程序比较

维度	传统程序	新程序
申请方式	通过分行或信贷员申请	通过邮件、电话或分行申请
提交资料	需要纳税报表、财务报表	不需要纳税报表、财务报表
审核方式	信贷员审核	2/3 的审核实现自动化
审核频次	年度审核	不需要定期审核，授信是"常青的"
担保方式	通常需要抵押担保	无抵押担保
信用记录类型	在企业贷款系统中簿记	在个人信贷系统中簿记
贷款损失	只允许很低的贷款损失	定价较高，可以允许较高的贷款损失

（4）加强信用风险管理。

富国银行对小微企业的信用风险管理在贷前、贷中和贷后都有所体现。欺诈行为识别是富国银行贷前风险管理的主要方式。贷前，富国银行要求小微企业提供相关的信息，将这些信息与富国银行系统内部有关的数据进行交叉验证，如果信息匹配度低，说明申请贷款的小微企业存在欺诈行为，从而将其淘汰出局。贷中的风险管理方式主要是信用评分卡的应用。信用评分卡主要根据历史数据统计计算借款人违约风险概率，以此判断小微企业信用状况，同时富国银行根据不同的信用分值为借款人提供不同贷款利率的产品。信用评分卡能够量化小微企业信用风险、减少决策过程中的人为干扰因素，另外借助信息技术可以批量评分，能够提高信贷决策效率。富国银行的贷后信用管理方式主要是对"行为评分"模型的运用。"行为评分"

模型根据征信机构数据、贷款账户数据、存款账户数据等评估和监控获得贷款的小微企业的信用风险变化，并采取诸如调整贷款定价或授信额度、关闭账户等措施进一步降低小微企业贷款风险。

4.2.2　蚂蚁集团

蚂蚁集团是阿里巴巴集团旗下提供包括小额贷款在内的金融服务的公司，是我国互联网金融发展的典型代表。通过挖掘支付宝、淘宝网和阿里巴巴网站等几大平台上的海量数据，蚂蚁集团对客户信用进行评分，推出了"金额小、期限短、随借随还"无担保抵押的小额贷款。2019年蚂蚁集团全年累计服务小微客户1 656万户，同比增长80%；累计发放贷款1.7万亿元，同比增长72%。蚂蚁集团在小微企业贷款方面取得的成绩使某些大型商业银行，如工商银行、建设银行开始关注小微企业的金融需求，试水互联网金融。蚂蚁集团的成功可归功于以下几点：

（1）单笔授信成本低。

蚂蚁集团单笔信贷操作成本很低，仅为2.3元，而我国商业银行的操作成本一般在2 000元左右（蔡恺，2014）。与商业银行相比，蚂蚁集团收集小微企业的信息成本非常低，通过打通与阿里巴巴、淘宝网、支付宝的底层数据，蚂蚁集团可以低成本实现信息共享。另外，蚂蚁集团的营销成本也很低，利用淘宝、阿里巴巴后台数据，结合水文交易预测模型分析，蚂蚁集团很容易找到最需要贷款、最有还款能力的客户，使用定向的点对点营销，能够满足小微企业的潜在金融需求，同时又节约了营销成本。

（2）放贷效率高。

在蚂蚁集团，绝大部分小微企业3分钟即可获得在线贷款，这主要归功于蚂蚁集团的工业化作业流程。这种流程创新使客户申请贷款到贷前调查、审核、发放和还款的全流程实现网络化、无纸化操作。蚂蚁集团采用专业控制手段，将金融服务标准化，实现贷款批量化"生产"，有效地提高了放款效率。只要是阿里巴巴诚信通会员和淘宝卖家，不需要担保，客户足不出户，只需要在电脑前简单操作即可轻松获取贷款（潘意志，2012）。

（3）风险控制到位。

利用大数据、云计算、搜索引擎等互联网技术，蚂蚁集团能够成功识别与控制小微企业的信用风险。首先，蚂蚁集团拥有大量小微企业主的个人信息，小微企业的资金流动信息、所有交易信息（包括浏览量、访客数、访问深度、成交件数、成交笔数、成交金额、成交用户数、全店成交转化率均值、客单价均值）、仓储物流信息，还有与交易有关的聊天记录、店铺信用、口碑评价、投诉纠纷以及退换货记录等非结构化信息，并且这些信息是实时动态更新的，能够真实地反映企业经营状况和盈利能力。其次，蚂蚁集团自主开发了违约风险模型、定价模型、贷中管理、贷后管理、反欺诈、市场分析等模型，这些模型能够全流程、无死角监管和识别小微企业的信用风险。一旦客户的销量、评价、在线时间等发生变化，模型能够及时捕捉并反馈。最后，如果客户出现恶意欠款，蚂蚁集团可采取冻结保证金、关停网络店铺等措施来震慑客户，提高客户的违约成本。

4.2.3 民生银行

民生银行战略定位为"小微企业的银行"，2009 年推出"商贷通"，优先发展 100 万~300 万元的贷款业务。2020 年，民生银行服务小微客户数达到 1 378 万户，较上年年末增长 220 万户；全行零售小微贷款总额为 5 119 亿元，较上年年末增加 673 亿元。民生银行为广大小微客户提供综合化、专业化的解决方案。民生银行服务小微企业的业务经验主要有以下几点：

（1）注重客户软信息的采集。

民生银行认为客户关系管理是服务小微企业的重要环节，要降低贷款风险必须全面了解客户的特征属性，针对小微企业硬信息质量差、数量少的问题，应高度重视软信息的收集和使用。民生银行提出用人品、产品、抵押品"三品"来解读借款人属性，用人流、车流、现金流"三流"来判断商业形态和经营情况，用保安、保洁、保姆"三保"来了解客户关系、生活习惯等。同时，民生银行扩大信息来源渠道，从工商、税务、行业协会、街道办事处等收集小微企业及其企业主的信息，提高小微企业软信息的质量和数量。

（2）控制信贷风险。

民生银行认为风险控制是服务小微企业的最重要一环，为此按总行、分行、支行不同级别制定了不同的风险管理责任：总行的风险管理责任是总体把控，重点控制行业、市场和系统性风险；分行的风险管理责任是对业务的中后台实现集中管理、集中运营；支行的风险管理责任是制订业务操作规范，防范销售环节的操作风险。具体到操作环节，民生银行开发了小微业务的客户评分模型、征信评分模型、项目评分模型、行为评分模型等多套量化管理模型，帮助审批人员进行贷款审批和定价，协助贷后管理人员进行日常监控、续授信和催收。

（3）降低操作成本。

为了降低操作成本，民生银行提出"两个整合，一个原则"。"两个整合"即实现内、外资源整合；"一个原则"就是使小微企业融资操作实现规模化、规范化、流程化和标准化。民生银行认为小微企业融资的关键是"集群授信、批量营销"。

通过实施"大数法则""规划先行"和"批量营销",民生银行建立了标准化、流程化和专业化的作业流程,实质性地提高了审批和放款效率。

4.3　三家金融机构服务小微企业的共性分析

以上三个案例说明小微企业业务也可以具有很高的投资价值,只要操作得当,金融机构服务小微企业可以获得丰厚的利润。案例研究表明,小微企业业务有无价值、价值大小主要取决于金融机构的贷款技术水平的高低及其风险管理能力的强弱。通过进一步梳理,笔者发现,富国银行、蚂蚁集团、民生银行在服务小微企业方面有以下共同点:

4.3.1　产品以无抵押、小额、短期贷款为主

三家机构针对小微企业"短、频、快"的融资特点设计无抵押、小额、短期贷款。在户均贷款额方面,富国银行大约为4万美元、蚂蚁集团不足4万元人民币,民生银行约为155万元人民币,大大高于前二者,但仍然低于一般商业银行的企业贷款额。从这一点来看,富国银行和蚂蚁集团的产品设计主要针对微型企业,而民生银行的产品设计更针对小型企业。另外,在抵押物方面,富国银行的主打产品没有抵押担保要求,蚂蚁集团也是纯信用贷款,民生银行则需要一定的抵押担保,但抵押担保方式多样,有抵押、质押、保证和联保形式。

4.3.2　风险控制是小微企业业务的核心

要实现对小微企业信用风险的有效识别,首先要确保信息来源的多样性和广泛性。小微企业硬信息数量少、质量差,因

此，如何找到其他互补性软信息对其信用风险进行识别与控制成为发展小微企业业务的重要环节，信息成为金融机构发展小微企业业务的重要资源。针对这一点，富国银行主要收集小微企业主的个人信用记录，小微企业的注册信息、交叉销售信息，小微企业在其他社会单位的社会信息等，这些信息都是客观认识小微企业风险的主要依据；蚂蚁集团则打通了电商平台与支付平台的信息通道，其信息包括企业主个人信息、交易信息、仓储物流信息和其他社交信息等；民生银行则将从各种渠道收集到的小微企业软信息（如"三品""三流""三保"）作为判断小微企业风险的信息凭证。关于使用信息的类型，三大金融机构各有侧重，蚂蚁集团利用的信息类型最多，信息量也最大；美国征信业发达，富国银行使用的信息大多为标准化信息；民生银行利用的软信息大部分则是非结构化数据。有资源还要有能力开发利用，不然就像拿着讨饭的金碗一样，资源的价值得不到充分的体现，因此对非财务信息的价值挖掘和风险识别成为小微企业风险管控的另一个重要组成部分。这涉及如何选择自变量和因变量，设定何种函数形式来预测小微企业的风险问题。风险是现在或未来发生的，信息是历史的或现在的，因此，如何在历史与现实和未来之间搭建桥梁，使用过去的、现在的信息来预测未来的风险成为金融机构风险管理部门的主要工作，预测的准确程度标志着金融机构的风险管理水平。根据所获客户的信息特点，富国银行设计出了评分卡和行为评分等模型，蚂蚁集团开发了违约风险模型、定价模型、反欺诈模型等。

4.3.3 利润来源于操作的批量化处理和风险定价的合理性

小微企业业务必须进行贷款技术创新，通过流程改造量化操作以降低成本、提高效率，如富国银行通过电子邮件、电话接收贷款申请，并且 2/3 的申请可以自动化审批，先进的信息处理技术使大量的业务操作自动化完成，大大节约成本。蚂蚁集团借助互联网技术使整个信贷流程无纸化、网络化，能够批量处理小微企业信贷业务，大大提高了信贷效率，降低了操作成本。民生银行使用商圈作为批量营销和批量信贷的基础，这比起针对单个小微企业，营销成本和管理成本大幅下降。另外，金融机构在正确识别小微企业信用风险的基础上，要进行风险定价，确保小微企业业务能够带来合理的风险收益，这是金融机构持续发展小微企业业务的必要条件。目前，所有服务小微企业的金融机构的贷款利率都比较高，如蚂蚁集团的最低日利率为 0.05%，年化利率约为 18%；民生银行的年化利率在 7% 左右；富国银行的小微企业贷款平均利率约为 6.5%，高于整体贷款平均利率（4.93%），合理的风险定价使风险的价值得到体现。

4.4 对我国商业银行的启示

以上三家金融机构在服务小微企业方面的操作经验对我国商业银行发展小微企业业务具有重要的借鉴意义，但由于信用环境、信息环境不同，我国商业银行不能完全照搬其中任意一家金融机构的做法。如美国征信业发达，75% 以上的个人都有信用评分，富国银行可以参考小微企业主的个人信用分值，再结合自身的信息资源对小微企业风险进行评估从而放贷。我国征信业处于起步阶段，大部分个人甚至部分企业都没有被纳入社会征信系统，并且社会各部门的信息壁垒现象严重，与美国的信用环境、信息环境存在很大的差距，这是我们参考富国银行小微企业信贷时应该注意的地方。另外，蚂蚁集团借助集团的电商平台数据资源和支付平台数据资源，充分挖掘电商的交易信息、物流信息等，这对于一般商业银行来说没有可复制性，因此也不能完全照搬。鉴于此，三大案例对我国商业银行的启示主要有以下四点：

一是转变思想观念。商业银行要摒弃旧有观念，如认为服务小微企业是为完成政治任务而背负的包袱等。商业银行要正视小微企业信贷业务的价值，要认识到服务小微企业不光是为了履行社会责任，更是重要的利润来源；另外，也要注意到客户结构的调整是个过程，过程花费的时间视各个商业银行的发展战略、市场定位、市场地位和对宏观政治经济环境解读的不同而有所差异。

二是针对小微企业融资特点进行金融产品设计。商业银行设计产品时要紧扣客户融资特点，开发"短期""小额""快捷""无抵押"的信用产品，这样的产品与客户需求相匹配。产品设计从一开始就要以客户为中心，从机制上约束劣质客户的逆向选择和道德风险，如针对客户的不同风险水平，提供不同价格的产品和服务，并推出不同的奖励与惩罚措施。针对性强，产品创新才能拥有坚实的市场基础；激励相容，才能实现商业银行和小微企业的双赢。

三是通过贷款流程改造降低小微企业业务操作成本。商业银行现有贷款流程不适合量化操作，贷款成本很高，因此难以开展小微业务。小微业务必须改进贷款流程以降低业务操作成本，走量化路线。降低业务操作成本时应考虑各个环节的成本节约，如从信息的角度来看，涉及环节涵盖信息收集、信息决策、信息管理、信息利用等，每一个环节都产生不同的成本，存在不同的节约空间。降低操作成本还要重视各个环节之间的协同效应，如信息收集和信息决策之间的无摩擦、平滑过渡。另外，降低业务操作成本还必须注重对先进信息技术如互联网技术的应用，信息技术对人力资源有很强的替代作用，使用信息技术能大幅度降低劳动密集型环节的人力成本。

　　四是加强小微企业风险识别与定价能力。小微企业会计信息数量少、质量差，因此，识别小微企业信用风险不能单靠传统的硬信息，而应该强化其他信息的补充作用。所以商业银行要扩大信息来源渠道，利用多种类型的软信息进行信用风险识别，这是小微企业与大中型企业在信用风险识别方面最主要的区别。另外，商业银行要根据小微企业风险特点进行科学合理的定价，小微企业风险类型多样，整体风险相对较高。根据风险收益匹配原则，商业银行就要相应提高小微企业贷款的利率。这是小微企业业务风险价值的体现，也是商业银行的小微企业业务能持续发展的决定性因素。

5 软信息成本缓解我国商业银行金融排斥小微企业的模型研究及政策建议

第 4 章的案例研究证明小微企业贷款并不是"有毒资产"，小微企业业务有无价值、价值大小主要取决于商业银行的贷款技术水平的高低及其风险管理能力的强弱。本章首先分析我国商业银行的贷款审批机制及其风险管理方法；其次从软信息成本角度论证缓解小微企业金融排斥的突破口，并建立商业银行交易可能性集合模型，通过严密的数理推导厘清软信息成本在缓解小微企业金融排斥中的重要地位；最后提出相应的政策建议。

5.1 我国商业银行的贷款审批机制及风险管理方法

我国商业银行在贷款技术及风险管理能力上跟发达国家的商业银行存在明显的差距。目前，我国商业银行主要依靠人工收集企业信息，主要通过财务会计数据等硬信息判断企业信用风险，并要求企业提供一定的抵押担保，这种贷款审批机制不适合小微企业，仅硬信息这一项就直接将小微企业排除在外。这一贷款审批机制主要是针对财务报表、资产评估报告等硬信息比较健全的大中型企业设计的。小微企业财务会计制度不健全，资本积累能力不足，固定资产缺乏，抵押担保能力薄弱，硬信息条件不能满足商业银行的要求。同时，商业银行收集小微企业软信息的成本太高，硬信息不足不能通过软信息来弥补，信息缺乏有效的传输渠道。现有的筛选机制不能帮助商业银行判断小微企业信用风险，在预期收益区间确定的情况下，小微业务成本太高，商业银行宁可关停相关业务。因此，商业银行如果不改变目前这种筛选机制，只重视硬信息的应用，而忽略软信息的价值，那么小微企业受到的这种系统性、机制性的金融排斥就难以得到根本性的改善。

硬信息和软信息是互补的，二者都能反映企业的风险水平。当硬信息缺乏时，要识别企业风险，就必须通过软信息来实现。真正体现小微企业风险的并不是企业的硬信息，而是企业家才能、企业社会资源、产品的市场认可度等软信息。在传统技术条件下，小微企业和商业银行之间存在"信息的供给使用结构错位"现象，商业银行只看重服务对象的硬信息，如财务会计报表、资产评估报告、抵押担保资产报告等。因为硬信息内容易于理解、表达格式统一、信息可量化对比，操作简单易行，所以商业银行的硬信息成本极低。但对小微企业来说，提供这些硬信息的成本是很高的，小微企业先天的不规范使其财务报表很难被商业银行认可。因此，小微企业的硬信息成本主要体现在抵押担保资产成本上，而现行资产评估种类的有限性使其抵押资产被评估时大打折扣。所以，小微企业只能借助第三方提供的担保服务满足商业银行的贷款条件，这是小微企业硬信息成本高的原因。

商业银行一般不会采集小微企业的软信息，比如市场评论、社会传言、经济预测，企业主个人素质、社会关系、人脉资源等，进行风险识别。原因有两方面：第一，软信息结构复杂（非结构化或半结构化信息）、内容庞杂、格式多样，其加工、解读、使用不仅需要金融专业的知识，还需要心理学、社会学、通信技术多学科的知识，加工、解读、使用难度大，商业银行还没有使用这些技术的经验。第二，软信息来源广泛、信息量非常大，其收集、加工、贮存、传输的成本很高。其中，软信息成本高是商业银行没有采用相关技术的根本原因，这些技术已经被某些互联网金融公司突破了。另外，小微企业提供这些软信息花费的成本极低，有些软信息甚至不需要企业亲自提供（如企业主的个人素质、企业产品的市场评价等，为了保证软信息的客观性，这些信息需要商业银行根据所拥有的资源自行查找）。

　　从策略来看，针对小微企业的金融需求，商业银行要么只使用硬信息，排斥小微企业的金融需求；要么采集和使用小微企业的软信息，控制风险，识别风险，根据风险收益原则对其进行合理定价，并提供服务。但是在传统技术条件下使用小微企业软信息的成本很高，甚至大于其收益，导致商业银行长期以来只选择第一种策略。所以，小微企业金融排斥的根源在于商业银行收集小微企业软信息的成本高，成本和收益不相称。

5.2　缓解我国商业银行小微企业金融排斥的突破口

　　商业银行软信息成本高，硬信息成本低，商业银行就只利用硬信息识别信用风险。小微企业硬信息不足或硬信息成本过高使其无法满足商业银行的贷款条件，因而受到商业银行的排斥。如果通过各种手段降低软信息成本，商业银行就有可能选择软信息作为识别信用风险的依据，放松硬信息对贷款要求的约束，将小微企业纳入商业银行的交易可能性集合，并且软信息成本越低，商业银行使用的软信息会越多；商业银行能更准确地识别小微企业的信用风险，从而弱化对硬信息的要求。通过科学定价，商业得到合理的风险溢价，从而能够包容更多类型的小微企业，使交易可能性边界外移，这种激励相容的机制设计将使商业银行和小微企业实现双赢。

从社会历史观的角度来看，古代社会定量科学不发达，能够量化的硬信息种类较少，同时由于人们知识水平有限、量化工具落后，整个社会的硬信息成本很高；另外，由于交通运输工具不发达，人类活动半径较小，交易活动主要在熟人社会进行，因此软信息成本很低，人们之间的交易主要利用软信息。同样的原因，商业银行一开始也是利用软信息放贷，没有复杂的数学模型，风险把控主要靠银行家的观察、直觉经验和社会关系等软信息。随着定量科学的发展，一些信息被量化为数字，硬信息成本大幅降低。作为社会重要的经济单位，企业是使用数字化信息最多的载体之一，尤其是大中型企业，具有标准化的财务信息，根据这些硬信息，企业信用风险基本上能被准确度量。同时，随着交通运输工具的发展，人类活动半径扩大，交易大部分产生在陌生人之间，商业银行获取客户软信息的成本上升，并且超过硬信息成本。因此，从成本考虑，商业银行开始使用硬信息建立模型，量化风险，使其在信贷决策中占有主导性地位，因此拥有硬信息的大中型企业在商业银行服务客户中也占有主导性地位。经过硬信息的过滤，缺少硬信息的群体，如小微企业、低收入者，便是商业银行排斥的对象。因此在定量科学发展的特定阶段，世界各国都普遍存在小微企业金融排斥现象。

随着信息技术的进步，以前不能定量化的软信息逐渐地被数字化，如我们吃的面包、牛奶、鸡蛋，可以通过特定程序计算卡路里，让我们知道身体吸收了多少热量。信息技术的发展将会使越来越多的软信息被低成本地定量化，变成硬信息，最终可能连人的情感思想这样一些纯主观的东西都将被量化，因此可能也就没有软信息的概念了。软信息和硬信息没有绝对的界限，科技的发展会使更多的软信息被硬化成硬信息。因此，软信息和硬信息的界定存在时代性。目前来看，财务信息、市场交易信息这几类信息普遍被量化。为了便于研究，我们规定这几类信息属于硬信息，除此之外的信息都属于软信息。由此可见，随着信息技术的发展，获取、加工、解读软信息的成本大幅下降，软信息可读性的增强，使软信息能够充当信用风险的识别依据。当越来越多的软信息被商业银行利用时，商业银行的客户结构将随着信息结构的改变而发生调整，届时小微企业金融排斥将发生重大改变。

5.3　金融排斥度与软信息成本关系理论模型

为了更好地说明降低商业银行软信息成本能够使小微企业金融排斥程度下降，提高金融包容性，本节首先使用金融排斥度的概念来衡量小微企业金融排斥程度；其次，参考谢平（2014）交易可能性集合模型，在此基上加入商业银行和小微企业的信息成本，说明金融排斥度与软信息成本的关系。

5.3.1　金融排斥度的内涵

目前少有文献研究企业金融排斥的度量，大部分金融排斥的度量研究主要集中于个人和区域（金雪军 等，2009；何德旭，

2007；许圣道 等，2008；李涛，2010；董晓林 等，2012；高沛星 等，2011）。从已有文献来看，金融排斥指标的选择主要有两种类型：第一种类型使用剥夺指数、金融排斥指数等综合指标度量金融排斥（Garderner et al.，2004；Leyshon et al.，1995）；第二种类型使用信用贷款、活期账户、家庭保险、人寿保险、养老金等具体产品的绝对数量或相对数量来度量金融排斥（Bridgeman，1999；ANZ，2004）。这些度量大多要经过人均化处理，与本书研究对象不符，无法直接使用。

金融排斥度用来测量有多少风险类型没有被识别并合理定价，其本质是测量小微企业的金融需求被商业银行排斥的程度，最直观的表现形式是被拒绝的小微企业的数量和贷款需求量，即数量形式的排斥。但数量形式的排斥是建立在没有成功识别风险、定价风险的基础上，如果风险定价合理，商业银行就会为更多的小微企业提供服务，金融排斥度下降；如果风险定价不合理，价格过高或过低都会影响小微企业和商业银行的经济可持续发展，导致金融排斥度提高。由此可见，金融排斥既可以用数量度量，也可以用价格度量，然而已有文献鲜有使用价格度量的。

本书拟做这方面的尝试，从价格入手测量商业银行对小微企业的金融排斥程度，原因有三：一是被排斥的小微企业数目本身难以确定，这给实证研究带来难以克服的数据障碍；二是先进的信用风险定价模型为准确度量小微企业的风险提供了技术可行性；三是基于互联网的小微企业信息的大数据开发和挖掘为风险度量注入了全新的血液。

以教育排斥的"分数线"测量法为例，如果全国只有一个分数线，这个分数定得过高，则考入大学的学生就会很少，教育排斥程度很高；定得过低，则会使大量不合格的学生被录取，虽然教育排斥程度降低了，但也使教育的选拔功能下降了，难以择优录取，同时也会使大量的中专、高职院校无人问津。如果将高考成绩划分为数个区间段，每个区间分数对应不同教育水平的高校，则能实现分数等级和学校等级的合理匹配，使高分数的学生上优质的重点院校，中等分数的学生上普通高校，低分数的学生上大专、技校等专科学校。对学校来说，这样划分能使各种不同层次的学校都有适当的生源，可以发挥不同的教育培养功能；对学生来说，这样划分能使不同的学生都有接受教育的机会，教育排斥程度降低。并且分数区间段划分得越细，教育排斥程度越低。在这个例子中，这些学生好比就是小微企业，高考成绩好比是小微企业的风险水平，高校好比是商业银行。商业银行如果能有效识别不同水平的风险，就可以根据风险水平提供不同价格的金融服务，从而使小微企业金融排斥程度降低。

假设商业银行为小微企业 i 提供的贷款利率水平为 R_i，即价格为 R_i，$i \in R^+$，$i = 1, 2, \cdots, I$，小微企业 i 的真实风险水平为 r_i。商业银行如果能够识别小微企业的风险，并合理定价，则为其提供服务，这时 $R_i = r_i$；如果不能识别风险，则拒绝为其提供服务。金融排斥度测量的是没有识别定价的风险占所有风险种类的比重。

$$E = 1 - \frac{\int_1^I R_i di}{\int_1^I r_i di} \qquad (5-1)$$

从式（5-1）可以看出，金融排斥度与商业银行的风险识别能力成正比，与小微企业风险类型数量成反比。商业银行风险识别能力越强，小微企业风险类型数量越少，金融排斥度越小，反之则越大。例如市场上小微企业风险类型有 10 种，银行识别 8 种风险，并提供 8 种风险价格的相应产品，排斥 2 种风险类型，则金融排斥度就为 0.2。

5.3.2 小微企业能接受的最高贷款利率

假设小微企业集合为 I，小微企业 $i(i \in I)$ 自有资金为 K_i，需要向商业银行贷款 L_i 才能启动项目，项目预期收益率为 u_i，成功概率为 $\theta_i(0 \leq \theta_i \leq 1)$，贷款利率为 R_i。硬信息成本为贷款的 H_i 倍，其由两部分组成：一部分成本是项目失败，到期时归银行所有的抵押担保资产；另一部分为筹集抵押担保资产所支付的成本，假设这部分成本为总硬信息成本的 α_i 倍。

小微企业向商业银行申请贷款的条件是：项目投资预期收益减去预期成本大于等于零。其中预期成本是项目成功时偿还银行贷款本息与项目失败时被银行收回抵押担保资产的加权和，同时还要加上小微企业筹集抵押担保资产所花费的手续费、评估费等成本。

即 $(1 + u_i)(K_i + L_i) - \theta_i(1 + R_i)L_i - (1 - \theta_i)h_iL_i - \alpha_ih_iL_i \geq 0$，等价于

$$R_i \leq \frac{(1 + u_i)(K_i + L_i) - (1 - \theta_i)h_iL_i - \alpha_ih_iL_i}{\theta_iL_i} - 1 \quad (5-2)$$

式（5-2）给出了小微企业所能接受的最高贷款利率水平，跟企业的硬信息成本、风险水平、预期收益率和自有资本比重有关。其他参数不变时，小微企业付出的硬信息成本越高，其接受的贷款利率越低。

5.3.3 商业银行能提供的最低贷款利率

假设商业银行为风险中性，其为小微企业贷款的机会成本为 b_i，即贷款给大企业的利率；商业银行为小微企业贷款付出的信息成本为贷款金额的 S_i 倍。由于商业银行获取小微企业的硬信息成本极低，可以忽略不计，这里的信息成本主要指软信息成本，包括软信息采集、加工、解读和存储的成本；如果企

业违约不能归还贷款本息，商业银行将处理抵押担保资产。

商业银行为小微企业提供贷款的条件是扣除软信息成本后的预期收益不小于贷款给大企业的收益。

即 $\theta_i (1 + R_i) L_i + (1 - \theta_i) h_i L_i - S_i L_i - H_i L_i \geq (1 + b_i) L_i$，等价于

$$R_i \geq \frac{1 + b_i + S_i + H_i - (1 - \theta_i) h_i}{\theta_i} - 1 \qquad (5-3)$$

式（5-3）给出了商业银行能提供的最低利率水平，与商业银行的软信息成本、机会成本，小微企业风险水平和小微企业提供的硬信息成本有关。从式（5-3）还可以看出，大企业贷款利率比小微企业贷款利率低的原因是：大企业信息透明，商业银行获取其软信息成本低。其他参数不变时，软信息成本越高，商业银行的贷款利率就越高。另外，其他参数一定时，小微企业提供的抵押担保等硬信息成本越高，其获得的贷款利率越低。

商业银行每一单位贷款所获得的预期收益即商业银行的预期利润，由式（5-3）可得商业银行的利润：

$$\Pi_i = \theta_i (1 + R_i) L_i + (1 - \theta_i) h_i L_i - S_i L_i - H_i L_i \qquad (5-4)$$

由式（5-4）可知，商业银行的利润与贷款利率、贷款额、小微企业的风险、商业银行收集信息的成本和小微企业的硬信息成本有关。贷款利率越高、贷款额越大、小微企业风险越小、商业银行的信息成本越低，商业银行的利润越大；小微企业提供的抵押担保等硬信息成本越高，小微企业的信用风险覆盖率越高，商业银行的风险补偿率就会越高，利润也相对较高。

5.3.4 融资可能性边界

小微企业成功融资的必要条件是：小微企业能接受的最高利率不低于商业银行提供的最低利率。由式（5-2）、式（5-3）可得融资可能性边界：

$$\frac{1 + b_i + S_i + H_i - (1 - \theta_i) h_i}{\theta_i} - 1 \leqslant R_i \leqslant$$

$$\frac{(1 + u_i) (K_i + L_i) - (1 - \theta_i) h_i L_i - \alpha_i h_i L_i}{\theta_i L_i} - 1 \quad (5-5)$$

融资可能性集合为

$$\left\{ i \mid i \in I, \frac{(1 + u_i) (K_i + L_i) - (1 - \theta_i) h_i L_i - \alpha_i h_i L_i}{\theta_i L_i} - 1 \geqslant \right.$$

$$\left. \frac{1 + b_i + S_i + H_i - (1 - \theta_i) h_i}{\theta_i} - 1 \right\} \quad (5-6)$$

1. 信息对称条件

信息对称条件下,假设商业银行和小微企业的信息成本均为 0,商业银行能准确识别小微企业的风险,即 $h_i = 0$,$S_i = 0$,$H_i = 0$,$R_i = r_i$。

根据式 (5-5),信息对称条件下小微企业的风险区间为

$$r_i \in \left[\frac{1 + b_i}{\theta_i} - 1, \frac{(1 + u_i) (K_i + L_i)}{\theta_i L_i} - 1 \right] \quad (5-7)$$

风险区间大小:

$$\int_1^I r_i di = \left[\frac{(1 + u_i) (K_i + L_i)}{\theta_i L_i} - 1 \right] - \left(\frac{1 + b_i}{\theta_i} - 1 \right)$$

$$= \frac{(1 + u_i) (K_i + L_i)}{\theta_i L_i} - \frac{1 + b_i}{\theta_i} \quad (5-8)$$

金融排斥度: $E = 1 - \dfrac{\displaystyle\int_1^I R_i di}{\displaystyle\int_1^I r_i di} = 1 - 1 = 0 \quad (5-9)$

可见,信息对称条件下,信息成本为 0,金融排斥度也为 0。小微企业不用提供抵押担保,商业银行掌握小微企业所有的信息,能够准确识别风险并为其提供信用贷款,所有小微企业的金融需求都得到满足。

2. 信息不对称条件

信息不对称时，银行和小微企业都要付出一定的信息成本来了解对方的需求信息、风险状况，这时商业银行能识别并定价的风险区间集中在：

$$R_i \in \left[\frac{1 + b_i + S_i + H_i - (1 - \theta_i) h_i}{\theta_i} - 1, \right.$$

$$\left. \frac{(1 + u_i)(K_i + L_i) - (1 - \theta_i) h_i L_i - \alpha_i h_i L_i}{\theta_i L_i} - 1 \right] \quad (5\text{-}10)$$

由于存在信息成本，商业银行能够识别的风险区间较信息对称条件下在融资边界左右两端都有所收缩，定价区间缩小为

$$\int_1^I R_i di = \left[\frac{(1 + u_i)(K_i + L_i) - (1 - \theta_i) h_i L_i - \alpha_i h_i L_i}{\theta_i L_i} - 1 \right] -$$

$$\left(\frac{1 + b_i + S_i + H_i - (1 - \theta_i) h_i}{\theta_i} - 1 \right)$$

$$= \frac{(1 + u_i)(K_i + L_i) - (1 - \theta_i) h_i L_i - \alpha_i h_i L_i}{\theta_i L_i}$$

$$- \frac{1 + b_i + S_i + H_i - (1 - \theta_i) h_i}{\theta_i} \quad (5\text{-}11)$$

由式（5-7）、式（5-10），得金融排斥度为

$$E = 1 - \frac{\int_1^I R_i di}{\int_1^I r_i di}$$

$$= 1 - \frac{\dfrac{(1+u_i)(K_i+L_i) - (1-\theta_i) h_i L_i - \alpha_i h_i L_i}{\theta_i L_i} - \dfrac{1 + b_i + S_i + H_i - (1-\theta_i) h_i}{\theta_i}}{\dfrac{(1+u_i)(K_i+L_i)}{\theta_i L_i} - \dfrac{1 + b_i}{\theta_i}}$$

$$(5\text{-}12)$$

令 $(1 + u_i)(K_i + L_i) - L_i(1 + b_i) = A_i$，$A_i > 0$，可看作商

业银行的风险容忍度①，则式（5-12）变为

$$E = 1 - \frac{\int_1^l R_i di}{\int_1^l r_i di} = \frac{S_i L_i}{A_i} + \frac{H_i L_i}{A_i} + \frac{\alpha_i h_i L_i}{A_i} \qquad (5\text{-}13)$$

E 对 S_i 求导得

$$\frac{\partial E}{\partial S_i} = \frac{L_i}{A_i} > 0 \qquad (5\text{-}14)$$

E 对 H_i 求导得

$$\frac{\partial E}{\partial H_i} = \frac{L_i}{A_i} > 0 \qquad (5\text{-}15)$$

E 对 h_i 求导得

$$\frac{\partial E}{\partial h_i} = \frac{\alpha_i L_i}{A_i} > 0 \qquad (5\text{-}16)$$

由式（5-13）可知，在信息不对称条件下，金融排斥度与软信息成本、硬信息成本、风险容忍度、贷款额等有关，商业银行软信息成本越高、风险容忍度越低，小微企业贷款额越大、硬信息成本越高，金融排斥度越高。其中，与交易有关的是软信息成本和硬信息成本，其他变量均是外生的。风险容忍度代表了商业银行的风险偏好，一般比较稳定，由商业银行发展战略、董事会和管理层确定，是其社会属性和政治属性的体现。

由式（5-15）、式（5-16）可知，软信息成本和硬信息成本均与金融排斥度正相关。因此，减弱小微企业的金融排斥主要应从这两方面入手：一是降低商业银行收集小微企业的软信

_____

① $(1 + u_i)(K_i + L_i) - L_i(1 + b_i) = A_i$，$A_i$ 为小微企业预期收益与金融机构机会成本的差额。一般来说，预期收益相对机会成本越高，小微企业风险越大。因此 A_i 可以理解为金融机构的风险容忍度，体现了金融机构的风险偏好。

息成本，二是降低小微企业的硬信息成本。如果二者能大幅度降低，小微企业的金融排斥程度将显著降低。信息的功能是降低不确定性，提高风险防范能力。软信息和硬信息具有互补作用，软信息多一些，硬信息随之就可以少一些。虽然两种信息成本的承担主体不同，但二者相对金融排斥却是同向变化的，这就为博弈带来了均衡解。如果软信息成本低，商业银行就会收集企业更多的软信息，提高评估企业风险的准确性，通过风险溢价平衡风险收益，从而降低抵押、担保要求，使硬信息成本下降。所以，降低软信息成本，必然引起硬信息成本的下降，两者共同作用强化了金融排斥度的降幅。

结合式（5-4）和式（5-13），得出商业银行关于小微企业贷款利润的另一种表达式：

$$\Pi_i = -A_i E + \theta_i (1 + R_i) L_i + (1 - \theta_i + \alpha_i) h_i L_i \qquad (5\text{-}17)$$

从式（5-17）可看出，商业银行利润与金融排斥度成反比，金融排斥度越大，商业银行的利润越小。这一点在第6章有详细论述。

5.3.5　模拟检验

利用互联网技术可以实现商业银行和小微企业的合作双赢，互联网技术可大幅度降低商业银行的软信息成本。据统计，仅手机银行业务就可以使银行的每笔交易成本下降80%以上（谢平 等，2014），互联网用户量大，功能强大，软信息成本的节省程度不亚于手机银行。

式（5-12）中有三个外生变量，假设贷款额 $L_i = 1$，A_i、α_i 取不同值时，软信息成本和硬信息成本按同比例变化、软信息成本比硬信息成本降幅大、软信息成本比硬信息成本降幅小，金融排斥度的变化如表5-1、表5-2、表5-3所示①。假设当商业银行的软信息成本和小微企业的硬信息成本都等于贷款额时，交易停止，并认为这是传统技术软信息条件下的金融排斥度。

表5-1　软信息成本与硬信息成本按同比例变化

取值	$A_i=1,\alpha_i=0$	$A_i=1.2,\alpha_i=0.2$	$A_i=1.5,\alpha_i=0.5$
$S_i=1,h_i=1$	1.00	1.00	1.00
$S_i=0.5,h_i=0.5$	0.50	0.50	0.50
$S_i=0.2,h_i=0.2$	0.20	0.20	0.20
$S_i=0.1,h_i=0.1$	0.10	0.10	0.10
$S_i=0.05,h_i=0.05$	0.05	0.05	0.05

表5-2　软信息成本比硬信息成本降幅大

取值	$A_i=1,\alpha_i=0$	$A_i=1.2,\alpha_i=0.2$	$A_i=1.5,\alpha_i=0.5$
$S_i=1,h_i=1$	1.00	1.00	1.00
$S_i=0.4,h_i=0.8$	0.5	0.47	0.37
$S_i=0.2,h_i=0.4$	0.2	0.23	0.19
$S_i=0.1,h_i=0.2$	0.1	0.11	0.09
$S_i=0.05,h_i=0.1$	0.05	0.058	0.047

---

① 数值模拟思路和过程如下：当$S_i=1$，$h_i=1$时，$E=1$。以此为基准，推算出A_i、α_i的三组取值，当S_i、h_i取不同比值时，可得出表5-1、表5-2、表5-3中E的数值。

表 5-3　软信息成本比硬信息成本降幅小

取值	$A_i=1, \alpha_i=0$	$A_i=1.2, \alpha_i=0.2$	$A_i=1.5, \alpha_i=0.5$
$S_i=1, h_i=1$	1.00	1.00	1.00
$S_i=0.8, h_i=0.4$	0.50	0.73	0.59
$S_i=0.4, h_i=0.2$	0.20	0.33	0.29
$S_i=0.2, h_i=0.1$	0.10	0.18	0.15
$S_i=0.1, h_i=0.05$	0.050	0.092	0.073

可以看出，当软信息成本下降带动硬信息成本下降时，金融排斥度也随之降低。如果互联网软信息成本降低到传统技术软信息成本的10%，金融排斥度会下降到原来的5%～11%，显著改善了小微企业的融资环境。

5.4　政策建议

近年来小微企业融资难问题在我国表现得越来越突出，虽然国家出台了支持小额信贷机构发展等相关政策，但没有大型商业银行的参与，很难从根本上改变这一现状。软信息成本过高是商业银行不愿涉足小微企业金融业务的主要原因。如前所述，互联网技术可以有效降低软信息成本，实现盈利要求。本书认为大型商业银行参与小微企业金融业务，需要做到以下几点：

一是运用"互联网＋"的精神转变思维理念和经营方式，互联网精神强调"开放、民主、合作、共赢"，这与社会排斥、金融排斥的思维方式相矛盾。互联网降低了全社会的信息成本，使交易双方的信息不对称逐渐弥合，这对商业银行依靠信息不对称来赚取中介费用的商业模式构成威胁。商业银行的生存环境变了，其发展逻辑和盈利模式必须要做出调整。

二是商业银行应借鉴互联网金融的做法，使用大数据、云计算、移动互联网、搜索引擎、物联网等互联网技术降低软信息成本，在社交网站、电子商务网站和政府服务网站充分挖掘小微企业的软信息，拓展传统的信用评估模型，根据小微企业特点，在模型中加入软信息的相关变量进行科学的风险定价，运用风险评分发放信用贷款，降低抵押贷款的比重。

三是商业银行需要重新审视自身的风险偏好和风险容忍度。随着通信水平的提高，商业银行运用互联网技术管理风险和控制风险的能力增强，风险的价值凸显。这时商业银行要适当调高风险偏好和风险容忍度，拓宽风险类型，寻求新的盈利来源。

6 软信息与小微企业信用风险识别和度量

利用软信息有效识别及度量小微企业信用风险是商业银行降低软信息成本，并以此缓解小微企业金融排斥的理论前提和操作基础。如果不能使用软信息识别小微企业风险，那么软信息成本降得再低，也无益于小微企业金融排斥的缓解。因此，剖析小微企业信用风险识别和度量机制成为研究缓解我国小微企业金融排斥的重要组成部分。本章首先分析小微企业信用风险来源，进而根据信用风险来源探讨信用风险识别机制；其次文献综述信用风险度量方法，经过对比分析找出适合小微企业的信用风险度量方法；最后通过人人贷网络借贷平台的数据验证软信息在识别和度量小微企业信用风险中的重要作用。

6.1 小微企业信用风险的来源

类似于硬信息对于大中型企业的主要风险识别作用，与小微企业匹配的是软信息，使用软信息能有效弥补信息不完备的缺陷，对信息不对称和银行认识偏见进行信息弥补与信息纠偏，可以提高银行对小微企业的信用风险甄别水平。从信用风险来源来看，小微企业信用风险来源于两方面：一是小微企业还款能力差，无力偿还银行贷款；二是小微企业还款意愿弱。前者属于客观原因，是小微企业能力所限，可以同时使用硬信息和软信息描述；后者属于主观原因，是小微企业信用观念差、法律道德约束缺失的表现，只能通过软信息刻画。

6.1.1　来源于还款能力

（1）小微企业资本实力不强，抵押担保能力差，生命周期短。

如果将小微企业比喻成人，那么他们出身贫寒，没有殷实的家产，也没有达官贵人相助；同时营养不良，在夹缝中生存，大部分中途夭折，少数生命力顽强。相比大中型企业，小微企业没有雄厚的资本，其资本绝大多数来源于企业主的个人积蓄及亲朋好友借款，其次是民间融资，银行借款仅有 10% 左右，内部造血功能的脆弱性和外部供血服务的有限性使小微企业的生命周期缩短。据统计，我国中小企业平均寿命只有 3.7 年，小微企业还不到 3 年。另外，我国小微企业大多数属于劳动密集型企业，能够满足银行抵押要求的固定资产比较少，并且有些科技型小微企业，其无形资产占比大于固定资产。整体来看，小微企业抵押担保能力差，从而使银行无法通过第二还款源来弥补第一还款源的不足。由此可见，小微企业资本实力不强、抵押担保能力差和生命周期短，这些特性弱化了小微企业的还款能力，其主要使用相关硬信息指标描述。

（2）小微企业经营风险大。

在我国，大多数小微企业的所有者和管理者是同一人，部门设置简洁，具有决策效率高、市场反应快、经营发展灵活等优势，这使得小微企业能够及时抓住市场机会调整产品和服务结构，在激烈的市场竞争中求得一份天地。但是，这种经营方式也存在一些风险，比如安全生产风险、产品质量风险、采购供应风险、生产成本风险、存货积压风险等。风险的产生原因主要有三方面：一是小微企业成立时间短，企业经营管理经验不足，财务管理不规范，缺乏专业的风险管理团队为其提供服务；二是一些小微企业主急功近利，急于赚快钱，对企业发展比较短视，不重视产品质量和企业长久发展，以至于出现一些本来可以避免的问题，如安全生产问题、产品质量问题等；三是人事变动风险，小微企业具有明显的人格化特征，企业主生病、年老等健康状况的改变会对小微企业生死存亡及发展战略产生重大影响，另外，主要骨干人员变动也会对企业发展产生影响，人事变动风险降低了小微企业发展的稳定预期。由此可见，较大的经营风险降低了小微企业的还款能力。经营风险能够使用一些硬信息指标和软信息指标验证。

（3）小微企业市场风险较高。

小微企业沉没资产少，经营决策灵活，轻装上阵，在市场的海洋中船小好调头，但同时却经不起大风大浪的颠簸。由于行业进入壁垒的约束，小微企业大多数处于竞争比较激烈的行业，容易受到市场波动的影响。当经济形势向好时，小微企业的发展环境比较宽松；而经济下行时，小微企业的生存空间受到挤压，容易被市场淘汰，存在明显的"顺周期"特征。另外，小微企业业务单一，融资渠道有限，不能跨行业、地区配置资源，市场风险出现后，小微企业不能有效、及时地缓解风险、稀释风险，可能遇到灭顶之灾，而同样的风险对大中型企业的影响可能并不大。因此，小微企业市场风险较大，其不能依靠自身的力量对风险进行自我稀释、自我化解，这进一步削弱了小微企业的还款能力。同时，小微企业市场议价能力差，市场把控能力弱，经营业绩受市场影响，波动较大。在这种生态环境中，产业政策变化、行业周期演变、地区经济调整等都会对小微企业产生影响。市场风险也可以通过一些硬信息指标和软信息指标来揭示。

综上所述,资本实力不强,抵押担保能力差,生命周期短,是小微企业信用风险产生的先天因素;经营风险大是小微企业信用风险产生的后天影响;市场风险大是小微企业信用风险产生的环境。这些特征主要通过硬信息观察,软信息也可以起到辅助的识别作用。

6.1.2 来源于还款意愿

小微企业的信用风险还表现在其还款意愿方面,具体来说就是有还款能力的小微企业因为各种原因拒绝向银行还本付息。小微企业还款意愿差主要表现为欺诈、违约、恶意骗贷、转移资产、不遵守合同、恶意拖欠、毁约、潜逃等逃废银行债务行为(袁凌,2003)。据调查,2017年我国合同的履约率只有60%左右,这反映出我国社会整体诚信意识差、信用意识缺乏,这里既有经济制度转轨、法律法规执行不力等客观原因,也有企业自身信用观念差、道德素质低、法律意识淡漠等主观原因,给银行开展信贷业务带来极大风险。目前诚信问题已得到政府和社会各界重视,国家开始惩治失信企业,然而由于制度建设的滞后性,一些小微企业还是钻了制度和法律的漏洞,失信行为屡屡得逞,影响了整个小微企业的信用表现。另外,企业主的信用意识直接影响企业信用行为,小微企业主是企业的主要经营管理者,其对资金使用的随意性很大,企业对企业主用款缺乏必要的制约与规范,未能从制度上对小微企业的主观违约风险进行约束。还款意愿作为一种主观意识、道德素质只能通过借款人的软信息来体现,使用硬信息很难将其揭露出来。

6.2 小微企业信用风险识别机制

小微企业风险类型多样，有些小微企业信用风险很高，但大多数小微企业的风险都在可容忍的范围内。富国银行、蚂蚁集团的成功经验显示，只要操作得当，小微企业业务不但风险可控，还可以为金融机构带来可观的利润。我国多数银行对小微企业进行金融排斥，主要原因是没有通过合理、有效的风险识别机制将不同风险类型的小微企业划分开来，高风险企业可以通过冒充低风险企业获得贷款，从而导致银行遭受经济损失。银行因此带有偏见地认为小微企业都属于高风险类型，并设置特定的筛选机制将小微企业从其客户群体中排除。分析小微企业信用风险来源，我们发现大多数小微企业还款能力弱，这是小微企业信用风险存在的客观原因；但也存在某些小微企业还款意愿差等主观违约情况。如果第一种情况能够通过一些硬信息指标验证，那么第二种情况就无法使用硬信息来了解，尤其是有些小微企业硬信息也存在遗漏、造假，这种情况使硬信息对小微企业的风险识别功能大打折扣。

因此，要正确识别小微企业信用风险必须硬信息和软信息结合使用，尤其要充分发挥软信息的风险识别功能。其原因主要有四点：第一，小微企业软信息的质量比硬信息质量高。硬信息和软信息都存在造假可能，但是相比软信息，硬信息的造假成本更低，小微企业财务会计制度不规范，任意编造或修改财务信息几乎不会对企业产生不良影响；而要编造社会资源、家庭背景等软信息则需要到多个部门重新输入信息，造假成本高。另外，揭发伪造软信息的成本比硬信息低，硬信息主要是财务信息，揭发人员需要一定的财务知识，专业性较强，对一般人来说，硬信息造假的隐蔽性更强，不容易引起注意；而软信息涉及面较多，其中一些信息诸如从事行业及企业主家庭背景、学历、年龄等，只要具备一定社会常识和经验就能识别其真伪，尤其在大数据背景下，信息真伪的交叉验证很容易实现。第二，软信息能使小微企业的信用风险评估更科学合理。小微企业硬信息数量少、质量差，因此，如果仅使用硬信息评估小微企业信用风险就会产生很强的片面性，带来很大的误差，同时使用软信息则可以弥补这种缺陷，软信息和硬信息是互补的，二者都有揭示信用风险的功能。当硬信息缺乏时，要识别企业信用风险，就必须通过软信息来实现。第三，从信息的时间稳定性来看，软信息跨期平滑，相对硬信息时间稳定性更高，因此用软信息来预测信用风险能够减少硬信息用"现在来预测未来，历史可以重复"的不足。第四，只有融入软信息，小微企业才更可能成为银行的潜在客户。大部分小微企业硬信息缺乏，银行要是只使用硬信息筛选客户，小微企业无疑会被淘汰，这也是目前银行的主要做法。但是如果兼用软信息，软信息会弱化硬信息的硬约束，吸附一部分小微企业进入银行的客户范围。总之，软信息在小微企业信用风险评估方面不是可有可无的配角，而是挑大梁的主角，软信息使用的广度和深度是科学识别小微企业信用风险的重要因素。

能够判断小微企业信用风险的软信息主要包括企业主人品与声望、年龄、文化修养、家庭背景、社会资源、性格特点、生活习惯、兴趣爱好、社会评价，以及企业员工素质、企业财务报表质量、企业信誉、企业核心业务能力、企业管理制度、行业进入障碍、行业周期、行业竞争状态、国家产业政策及宏观经济政策等。下面通过两个案例简要说明硬信息和软信息对小微企业信用风险的识别作用。

6.2.1 仅使用硬信息识别小微企业信用风险

A公司和B公司的主要硬信息指标见表6-1。

表6-1 A公司和B公司的主要硬信息指标

硬信息指标	A公司	B公司
流动资本/总资产（H1）	0.25	0.12
留存收益/总资产（H2）	0.37	0.24
息前、税前收益/总资产（H3）	0.28	0.19
股权市值/总负债账面值（H4）	5.1	3.9
销售收入/总资产（H5）	5.7	2.6

A公司和B公司均属于小微企业，表6-1是两个企业的几个主要财务指标，假设 Z^H 是硬信息能够识别信用风险的得分，是各项硬信息指标的加权和。以著名的阿特曼 Z-score 模型为例[①]，其 Z^H 得分是：

$$Z^H = 0.012（H1）+ 0.014（H2）+ 0.033（H3）+ 0.006（H4）+ 0.999（H5）\tag{6-1}$$

代入数据，可得

$$Z_A^H = 5.7, \ Z_B^H = 2.6$$

依据 Z^H 评分规则，Z^H 值越大，信用风险越低；Z^H 值越小，信用风险越高。临界值 $Z_0^H = 2.675$，当 $Z^H < 2.675$ 时，借款企业属于违约组；当 $Z^H \geq 2.675$ 时，借款企业属于非违约组。根据

---

① 该模型将五个财务数据作为解释变量，信用分值作为被解释变量，衡量企业的信用风险大小。其数理统计经验模型为：Z=1.2（X1）+1.4（X2）+3.3（X3）+0.6（X4）+0.999（X5）。其中，X1为流动资本/总资产；X2为留存收益/总资产；X3为息前、税前收益/总资产；X4为股权市值/总负债账面值；X5为销售收入/总资产。

计算结果，$Z_A^H = 5.7 > 2.675$，所以 A 公司信用风险较低，属于非违约组；$Z_B^H = 2.6 < 2.675$，所以 B 公司信用风险较高，属于违约组。可以看出，根据硬信息评估，A 公司的信用风险低于 B 公司。银行如果采用此模型判断信用风险，A 公司将有可能获得银行贷款，B 公司作为高风险企业将遭到银行的排斥。

6.2.2　仅使用软信息识别小微企业信用风险

与硬信息不同，表 6-2 列举的软信息反映出 A 公司的信用风险更高。理由如下：第一，从行业发展来看，A 公司劣于 B 公司。由于反腐倡廉影响，高档餐饮业收益下滑，A 公司市场风险增大；而 B 公司从事的大数据开发行业是国家目前支持和鼓励的行业，市场前景良好。第二，从企业主的性格特点和兴趣爱好来看，A 公司企业主的风险高于 B 公司。为人豪爽、讲义气，喜欢喝酒、结交朋友，这种性格的人一般比较感性，喜欢冒险。喜欢读书、运动，为人乐观、谨慎，这种类型的人比较理性、善于思考。第三，从家庭支持来看，A 公司不及 B 公司。A 公司企业主家人对公司没有提供有益的帮助，家人的健康状况、不良嗜好及不良行为可能会给企业及企业主带来负面影响；而 B 公司家人能为公司发展提供有效支持，可以为公司提供人脉资源、技术咨询等。第四，从社会资源来看，A 公司劣于 B 公司。A 公司的社会资源主要是利益伙伴，关系不稳定，当企业主身处不利的经济环境时，这些人脉资源随时可能会破裂。B 公司的社会资源质量比较高，主要由同学情、师生情、友情、亲情搭建，关系较为稳固，这种社会资源能长久持续利用。第五，从客户评价来看，A 公司劣于 B 公司。受国家政策影响，A 公司降低消费档次，调低价位，市场还是不买账，评分并不高。B 公司生产高科技产品，市场需求量大，但由于企业成立时间较短，未能满足多样化需求，这也说明其市场前景良好。综上所述，从软信息角度来分析，B 公司信用风险更小，更应受到银行的包容。

表 6-2　A 公司和 B 公司的主要软信息

主要软信息	A 公司	B 公司
企业主年龄、学历(S1)	48 岁，初中毕业，退伍军人	40 岁，电子科大博士
从事行业(S2)	高档餐饮业	IT 行业，主要从事大数据开发
性格特点(S3)	比较豪爽、讲义气	乐观、谨慎
兴趣爱好(S4)	喜欢喝酒、交朋友	读书、运动
家庭情况(S5)	一家四口：母亲 70 岁，体弱多病，时常住院治疗；妻子无工作，喜欢旅游、打麻将；儿子 22 岁，没有正式工作，喜欢吃喝玩乐	一家五口：儿子 10 岁，上小学；母亲 65 岁，身体健康；父亲 68 岁，某科研单位已退休教授；妻子，海归，担任某外资 IT 企业研发部门主管
社会资源(S6)	生意上的伙伴、喝酒交结的社会朋友、当兵时候的老战友	高校的师生资源、父亲科研单位同事、妻子外资企业同事
客户评价(S7)	某一 O2O 网站评分为 4.1 分，网友点评主要是环境不错、口味不错、分量较少、性价比低	产品质量好、性能稳定，但产品类型较少，不能满足多样化需求

　　根据以上分析，对表 6-2 各项软信息打分，打分规则是：每项指标的分值区间为 1~10，指标反映情况越好，分值越大。假设 Z^s 是软信息能识别信用风险的得分，是各项软信息指标的加权和（目前软信息主要识别模型是机器学习模型和神经网络模型等，而为了与文中的 Z-score 模型相对应，本书将此简化成线性模型），同时进一步假定每一项软信息指标揭示的权重相

同,都为 0.1,由此可见,Z^S 值越大,信用风险越小。分值见表 6-3。

表 6-3 A 公司和 B 公司的主要软信息指标分值

主要软信息	A 公司	B 公司
企业主年龄、学历（S1）	5	9
从事行业（S2）	3	8
性格特点（S3）	5	9
兴趣爱好（S4）	4	8
家庭情况（S5）	2	7
社会资源（S6）	3	9
客户评价（S7）	4	7

A 公司和 B 公司的主要软信息指标分值如表 6-3 所示。软信息能够揭示信用风险的得分为

$$Z^S = 0.1 (S1) + 0.1 (S2) + 0.1 (S3) + 0.1 (S4) + 0.1 (S5) + 0.1 (S6) + 0.1 (S7) \tag{6-2}$$

代入表 6-3 中的数据得出:

$Z_A^S = 2.6$;$Z_B^S = 5.7$。

$Z_B^S > Z_A^S$,A 公司的信用风险高。

6.2.3 同时使用软信息和硬信息识别小微企业信用风险

假设硬信息指标和软信息指标分别作为一个整体用于信用风险识别,α 和 β 分别为二者的识别权重。用 Z 表示信用风险得分,得分越高,信用风险越小。则:

$$Z = \alpha Z^H + \beta Z^S \tag{6-3}$$

当硬信息指标和软信息指标取不同的权重时,A 公司和 B 公司的信用风险得分如表 6-4 所示。

表 6-4　软信息和硬信息指标取不同权重的信用风险得分

信息指标权重	α	β	Z_A	Z_B	得分比较
仅使用硬信息识别风险	1	0	5.7	2.6	$Z_A > Z_B$
主要使用硬信息识别风险	0.75	0.25	4.93	3.38	$Z_A > Z_B$
硬信息和软信息取相同的权重识别风险	0.5	0.5	4.15	4.15	$Z_A = Z_B$
主要使用软信息识别风险	0.25	0.75	3.38	4.93	$Z_A < Z_B$
仅使用软信息识别风险	0	1	2.6	5.7	$Z_A < Z_B$

由表 6-4 发现，当软信息和硬信息取不同的权重时，Z 得分不同。当软信息权重依次增大、硬信息权重变小时，A 公司的 Z 得分逐渐减小，B 公司的 Z 得分逐渐增大。软信息权重越大，二者分离得越彻底。目前我国银行主要使用硬信息，或者仅使用硬信息识别小微企业信用风险，高风险企业得分较高，被选入银行客户范围，低风险企业由于硬信息指标差而落选，这种信贷审批机制使银行的信用筛选功能失效。即使硬信息和软信息权重相同，银行也很难对企业进行区分。由此可见，要正确识别小微企业信用风险，必须充分发挥软信息的风险识别作用，主要使用软信息或仅使用软信息识别风险。同时参考借款企业的硬信息情况：如果缺乏硬信息，或硬信息质量极差，则仅选择软信息识别信用风险；如果存在部分质量较好的硬信息，则可为硬信息留出适当权重。

6.3 小微企业信用风险度量

信用风险度量是选用适当的信息指标，通过特定的信息处理及数理统计，定量化描述被评估者的信用风险。根据主要输入信息的量化程度的不同，度量方法可分成两类，分别是以软信息为主要输入变量的定性分析法和以硬信息为主要输入变量的定量分析法。通过分类梳理，我们可找出适合小微企业的信用风险度量方法。

6.3.1 以软信息为主要输入变量的定性分析法

以软信息作为主要输入变量是银行度量企业信用风险的最初方法，起始于 20 世纪 30 年代，20 世纪 60 年代以后逐渐成为学界和商界的研究热点。定性分析法也称专家评价法，主要是评估专家根据借款人的个人品性、资金用途、资产状况、担保物及企业前景等指标逐一评分，最后加总各项分值，以此判断借款人的信用风险水平。这些指标大部分是难以量化的软信息。根据金融机构掌握的信息类型和评估偏好，定性分析法开发出了很多评估体系，比如 3C、5C、5W、5P、LAPP、CAMEL 等评价法。以 5C 评价法为例，其评价内容主要包括品德与声望、资格与能力、资本状况、抵押资产、经济环境等。定性分析法评估内容全面，涵盖了借款人还款能力和还款意愿的各个方面（邓云胜 等，2004）。评价指标虽然也涉及某些财务数据、市场数据等硬信息，但由于量化技术的约束，评价多以软信息指标为主。

6.3.2 以硬信息为主要输入变量的定量分析法

为了降低信用风险评估过程中的主观因素和提高评估效率，大量数理统计方法被应用于信用风险评估中。因此，20世纪80年代以来，以硬信息为主要输入变量的定量分析法主导了信用风险评估领域。定量分析法选取某些能揭示信用风险的硬信息指标，通过建立数理统计模型来预测借款人信用风险水平。由于最终指标是硬信息，大量不能量化的软信息被过滤了，所以定量分析法使用的指标数量较定性分析法大大下降，定量分析法降低了揭示信用风险水平的信息维度，同时又对某些局部信息进行详细的量化描述。由此可见，定量分析法具有"精确于局部"的特点。

目前比较流行的定量分析法有多元统计判别模型、神经网络模型、基于期权定价理论的 KMV 模型、基于在险价值（VaR）方法的信用度量术模型、基于保险精算方法的信用风险附加（credit risk+）模型、基于宏观经济变量的 credit portfolio view 模型等。这些定量分析方法各有不同的假设条件、适用范围和优缺点，本章暂不对此展开论述，而选择从信息维度和信息属性角度对其进行梳理。

（1）多元统计判别模型。该类模型有著名的 Z 评分模型和 ZETA 信用模型。该类模型使用财务比率作为解释变量，信用分值或违约概率作为被解释变量，运用数理统计方法建立多元模型。目前该类模型对金融界和学术界的影响最大。依据模型构建方法的不同，该类模型可以分为多元线性判别分析模型、Logistic 模型和 Probit 模型等。以 ZETA 信用风险模型为例，解释变量有七个，包括资产报酬率、债务偿还能力等，均为财务指标，属于硬信息的范畴；而 Z 评分模型解释变量也只有五个，均为财务指标。

（2）神经网络模型（neural networks，NN）。该类模型模拟人脑的认知过程，是运用神经心理学、认知科学和应用数学等领域的研究成果和研究方法形成的一种评价系统。将具有解释能力的变量输入非线性模型，神经网络模型能找出解释变量之间的隐含关系，提高自身的预测能力，具有"自组织、自适应、自学习"的特点。以许文等（2012）对我国上市中小企业信用评级的神经网络模型为例，该模型使用的解释变量有16个，其中财务指标12个，涉及企业的经营管理能力、偿债能力等硬信息；非财务指标4个，涉及经营者以及员工素质、行业发展前景等软信息。王春峰等（1999）在利用神经网络模型研究银行的信用风险评估时也只运用了5个财务变量指标。

（3）基于期权定价理论的KMV模型。该模型的理论基础是Black-Scholes和Merton的期权定价理论。KMV模型采用上市公司股价波动计算违约距离DD，通过违约距离与预期违约概率的对应关系预测上市公司发生违约的可能性。以张泽京等（2007）对我国中小上市公司信用风险研究的KMV模型为例，该模型的解释变量有6个，包括股权价值、流动负债等，均为财务指标，属于硬信息的范畴。孙小琰等（2008）使用KMV模型研究我国上市公司价值评估时采用了每股净资产、流通股市价等5个财务指标。

（4）基于在险价值方法的信用度量术（credit metrics）模型。该模型以信用评级为基础，计算VaR数值，以此反映银行某项贷款或贷款组合面临信用级别变化或拖欠风险时应准备的资本金数值。以窦文章、刘西（2008）评估我国银行信贷风险的credit metrics模型为例，该模型的解释变量有7个，主要涉及风险暴露大小、信用等级转移矩等硬信息。易云辉、尹波（2005）用credit metrics模型计算银行贷款的信用风险时，使用了对象贷款组合、信用评级等7个解释变量，均为硬信息。

（5）基于保险精算方法的信用风险附加（credit risk+）模型。该模型是以期权定价模型为理论背景，参考寿险或财险定价模型建立的违约风险统计模型。该模型认为贷款组合中不同类型贷款同时违约的概率很小，且相互独立，因此贷款组合的违约概率服从泊松分布。刘迎春（2012）用 credit risk+模型对信贷组合的信用风险进行了度量，解释变量有 4 个，分别是年违约概率、违约损失率等，均属于硬信息。刘洪川、王琳（2006）利用 credit risk+模型测度银行信贷风险时，使用了风险暴露、回收率等 7 个硬信息指标。

（6）基于宏观经济变量的 credit portfolio view 模型。该模型以基本动力学原理为基础，用宏观经济因素预测不同行业中不同信用等级的违约和转移概率的联合条件分布。以李建华等（2008）的 credit portfolio view 模型为例，该模型的解释变量约有 15 个，主要是一些财务数据、宏观经济数据、行业经济数据、地区经济数据，大部分指标为硬信息，个别指标为软信息。苏为华、郭远爱（2014）改进了 credit portfolio view 模型，对我国银行信用风险进行了宏观压力测试研究，使用了 GDP 增长率、消费者价格指数等 6 个硬信息指标。

各主要信用风险识别模型的变量特征见表 6-5。

表 6-5　各主要信用风险识别模型的变量特征

主要模型	变量个数	变量类型	信息属性
5C 定性分析模型	>>16①	财务数据、交易数据、市场数据、人口学特性数据、社会学特征数据	软信息、硬信息

---

① 定性分析法的变量个数从理论上讲可以很多，定性分析法分析的内容很全面，涵盖借款人的基本信息特征、社会学特征、经济学特征等，每一特性可以用很多变量描述。

表6-5(续)

主要模型	变量个数	变量类型	信息属性
神经网络模型	16，5	财务数据、人口学特性数据、社会学特征数据	硬信息、软信息
credit portfolio view 模型	15，6	财务数据、宏观经济数据、行业经济数据、地区经济数据	硬信息、软信息
信用度量术模型	7，7	财务数据、金融市场数据	硬信息
多元统计判别模型	7，5	财务数据	硬信息
KMV 模型	6，5	财务数据、金融市场数据	硬信息
信用风险附加模型	4，7	财务数据、银行信贷数据、金融市场数据	硬信息

表6-5按变量个数由多到少，对各信用风险评价模型进行了归纳。从中我们能够发现，输入信息中软信息成分越少，变量个数也越少。总体来说，定量分析法的变量个数普遍少于定性分析法，定量分析法的变量主要是硬信息。

定量分析法有以下优势：第一，定量分析法克服了定性分析法的不足，主要使用硬信息测度企业信用风险，能够减少软信息采集者和使用者对信用风险评估的主观影响，满足信用风险评估的客观性、标准化要求，便于在不同对象之间进行比较。第二，定量分析法通过设置数理统计模型，借助先进的信息技术可以实现批量化计算，规模化生产，使评估效率大大提高。第三，定量分析法以硬信息为主要输入变量，摆脱了收集、使用软信息而带来高成本的困扰，使银行的信息成本大幅下降。由此可见，定量分析法提高了银行的工作效率，降低了银行的信息成本，因此成为目前大多数银行采用的主流手段。

综上所述，以软信息为主要输入变量的定性分析法覆盖内容全面，考察了借款人社会经济生活的方方面面，要求评估人员对借款人深度接触，尽可能全面地了解借款人，适合于在圈子较小的熟人社会开展。目前定性分析法在我国一些小型金融机构中仍然广泛使用。定性分析法的不足是无法批量化、规模化评估，因为对每一位客户的软信息的采集、加工与解读，都需要评估人员的现场收集与判断，评估效率低，是一种劳动密集型展业模式，不适合在人工成本较高的区域展开业务。另外，定性分析法不够标准化，不易在不同个体之间比较。由于软信息采集、评估需要专人负责，定性分析法容易受到评估人员生活阅历、工作经验及专业背景的影响，主观性较强。对于相同的借款人，不同评估人员可能会得出不同的风险判断。

以硬信息为主要输入变量的定量分析法克服了定性分析法的不足，然而定量分析法也不是完美无缺的，定量分析法主要存在以下缺陷：第一，定量分析法以硬信息为主，变量维度相对单一，不能全面地了解借款人信息。定量分析法首先通过降维，选取和借款人信用风险强相关的财务数据等硬信息作为识别信用风险的依据，而忽略了软信息对信用风险识别的补充作用。硬信息也许可以预测借款人的还款能力，但无法鉴定还款意愿，后者需要借款人的软信息。第二，定量分析法主要以历史信息为评估依据，对借款人的信用风险预测存在一定时滞。硬信息作为一种历史信息，反映了借款人在某一特定历史时点的经济信息。信用风险预测的是借款人现在或未来发生违约的可能性，定量分析法借助于历史信息预测现在和未来，隐含的前提是历史可以重复，过去设置的预测模型不受其他因素的冲击。很明显这种假设过于理想化，现实经济社会经常受到某些冲击的影响而偏离预期轨道。第三，定量分析法以硬信息为主要输入变量，从而将缺乏硬信息的某些客户直接排除在外，使定量分析法的客户选择具有一定的局限性，这是定量分析法的缺点。打个比方，定性分析法好比是目测大象身高、体重、象牙长度、耳朵面积、尾巴厚度、精神状态及家庭情况来判断大象的年龄，具有"精确于总体，模糊于细节"的特点，定性分析符合"对较少个体的全面了解"的要求，适合于圈子较小的熟人社会。定量分析法好比是用尺子测量大象腿的粗细程度来判断年龄大小，测量简单快捷，可以对很多大象进行测量。可见，定量分析法具有"精确于细节，模糊于总体"的特点，做到了对"较多个体的单面性了解"的要求，然而定量分析法"重视局部，忽略全局"的做法，也有盲人摸象之嫌。

6.3.3 同时以软信息和硬信息为主要输入变量的混合分析法

由上面分析我们可看出，定性分析法和定量分析法各有优势，也都存在一些不足。如果将两者结合起来则能扬长避短，这就是混合分析法。混合分析法特别适用于对硬信息不足、以小微企业为首的借款人的信用风险评估。具体来说，混合分析法具有以下优势：第一，混合分析法增加了借款人的信息维度，使信用风险评估的全面性提高。加入软信息后，银行对借款人的了解更为多样，能够大幅度降低银行的信息劣势，使银行对借款人的信用风险认识更科学、合理。第二，混合分析法拉长了信息的有效时间长度。以财务数据为代表的硬信息随市场行情和经营管理的波动比较大，所以硬信息的时间有效性比较短，据此只能判断借款人在其产生时点的信用风险水平。软信息虽然也受市场风险和经营风险的影响，但是相比硬信息，软信息跨期相对平滑，稳定性比较高，具有较长的时间有效性。因此，加入软信息后，信息的有效时间跨度拉长，可以更准确地预测未来信用风险的变化。第三，混合分析法扩充了银行的客户群体。软信息的价值淡化了硬信息在信用风险度量中的绝对地位，使那些缺乏硬信息或者硬信息质量不高的主体也可以通过软信息的风险识别作用，进入银行的服务门槛，增加了银行的金融包容性。第四，混合分析法可以达到认识"较多人的多面性"的目的，克服了定性分析法了解"较少人的多面性"和定量分析法研究"较多人的单面性"的局限。

然而使用混合分析法需要满足两个基本条件：第一，软信息收集成本低。只有软信息成本降低，银行才更有可能使用软信息识别借款人风险，如果软信息成本无法降低，那么混合分析法偏重于硬信息，还是会如传统的定性分析法一样，无法广泛使用。第二，使用软信息科学识别信用风险，还涉及软信息的解读问题。目前，在互联网技术环境下，这两个条件基本都可以满足，本书暂不对此展开论述。

6.4　实证研究

为了检验混合分析法的有效性，验证软信息在小微企业信用风险度量中的重要作用，本书选用人人贷网络借贷平台的数据对这一理论进行实证研究。

6.4.1　模型设定与检验假设

信用风险揭示企业的违约概率，传统情况下银行主要使用硬信息预测。本书引入软信息的相关变量，试图验证软信息对违约概率的识别作用。假设仅用硬信息识别的违约风险为 D_H，软信息、硬信息结合使用识别的违约风险为 D_{HS}，硬信息变量为 H_i，软信息变量为 S_j，其中 i、j 分别为硬信息变量和软信息变量的个数，则：

$$D_H = f(H_i) + \varepsilon \tag{6-2}$$

$$D_{HS} = F(H_i, S_j) + \sigma \tag{6-3}$$

根据理论分析结果，本书验证以下假设：①仅使用硬信息识别风险，小微企业的违约风险概率较高；加入软信息以后，小微企业的违约风险整体下调。②加入软信息后的小微企业违约风险更能揭示其真实的信用风险水平。

6.4.2 数据选择与变量设置

本书选用人人贷网络借贷平台的数据进行实证研究，选取依据主要有四点：第一，银行尚未公开小微企业的信贷数据，因此无法使用银行信贷数据进行验证。第二，人人贷要求借款人提供认证信息和借款事由描述，这构成借款人的软信息；同时，人人贷成立时间比较长，积累了大量的借贷信息，这一部分可以看成借款人的硬信息。第三，人人贷借款人类型有私营业主、网商和工薪阶层，其中前两者属于小微企业的范畴。第四，人人贷还款期限最长为24个月，所以笔者进行研究时能够判断最终还款状态的数据只能限定在2014年6月之前。因此，本书选取2013年1月至12月网商和私营业主的信用认证标数据，总样本为703个，其中违约标的91个，已还清标的612个。

人人贷网站数据跟信用风险有关的指标有两个：一是还款状态，包括已还清和已违约①，反映了小微企业真实的信用风险水平；二是借款人信用等级，这是人人贷根据借款人信息进行

---

① 人人贷的信用标的还款状态有三种：已还清、已逾期、已垫付。其中，已还清是指借款人在还款期限结束时还清所有借款本息；已逾期是指借款人超过30天，但低于90天未还款，逾期发生后，借款人可能会在后期偿还，也可能不还贷款本息；已垫付是指借款人已逾期，在人人贷催收无果的情况，第90天人人贷为投资者垫付借款本息。由此可见，能反映最终还款状态的指标只有前两个。

的预估评级，揭示了小微企业预期的信用风险水平。本书将前者视为现实的违约状态，作为主要被解释变量；将后者视为预期的违约状态，作为对比被解释变量。因此，本书的被解释变量有两个，解释变量分成硬信息变量和软信息变量，变量设置如下：

真实违约概率（D_1）：1 = 违约，0 = 还清。订单筹资成功，超过 90 天未还款视为违约。

预期违约概率（D_2）：采用人人贷的预估信用评级，其信用风险水平由低到高依次是 AA、A、B、C、D、E、HR。其中 HR 级别的信用风险最高。从样本还款状态来看，已违约样本的信用等级全部为 HR。为简化分析，本书参考廖理等（2014）的做法，将 HR 设定为 1，其他级别取 0。

如表 6-6 所示，硬信息变量有 5 个，包括借款人本笔借款信息和历史还款信息。如表 6-7 所示，借款人的软信息指标主要有 9 个，全部设置为虚拟变量。

表 6-6　硬信息变量数据设置

硬信息变量	变量设置
月还本息(万元)：H_1	人人贷的还款方式是按月等额本息偿还
收入范围：H_2	借款人月收入范围。设置为虚拟变量：1 = 2 000~5 000；2 = 5 001~10 000；3 = 10 001~20 000；4 = 20 001~50 000；5 = 50 000 元以上
申请借款（笔）：H_3	不包括本笔借款，借款人历史申请借款的笔数
严重逾期（笔）：H_4	不包括本笔借款，借款严重逾期的笔数
利率（%）：H_5	借款人自行设定，网站规定的利率范围为10%~24%

缓解中国商业银行金融排斥小微企业研究：基于互联网软信息成本角度

表 6-7　软信息变量数据设置

软信息	变量设置
认证信息个数：S_1	人人贷网站要求借款人提供的认证信息包括身份证认证、工作认证、收入认证、信用报告、房产认证、技术职称认证、居住地证明、手机实名认证、婚姻认证、车产认证、微博认证、视频认证 12 项，认证的信息越多，个人信息的披露程度越高。每项认证成功为 1，其他为 0。认证信息个数范围为 0~12
借款标题：S_2	按字数计算：1 = 4 个字以内（包括四个字，比如"资金周转"）；2 = 4 个字以上（比如"接到大额订单，需要生产材料！求大家帮助！"）。字数越多，对贷款的描述越具体
借款描述：S_3	按字数计算：1 = 30 个字以内（包括 30 个字，比如"我是做生意的，现在需要资料周转。"其中，将"好借好还，再借不难！好借好还⋯⋯"这种几个字一直重复的借款描述，也归为 1 类）；2 = 31~70 个字；3 = 70 个字以上。借款描述字数越多，对借款用途和借款人信息描述得越详细，信息披露程度越高
借款人昵称：S_4	按借款人姓名的真实性来划分：1 = 姓名（如，林心如）；2 = 非姓名的中文（比如"星期一的早晨"）；3 = 数字或英文（比如，"shwxjd""489967"）
年龄：S_5	取 50 岁作为分界线：1 = 50 岁以下（包括 50）；2 = 50 岁以上
公司行业：S_6	公司所属的行业类型：1 = IT/培训/金融/媒体/广告（新型服务）；2 = 餐饮/旅馆/娱乐/交通运输（传统服务业）；3 = 建筑工程；4 = 零售/批发；5 = 制造业
工作城市：S_7	按经济发达程度来划分：1 = 经济发达地区（北京、江苏、浙江、山东、广东）；3 = 经济欠发达地区（甘肃、青海、贵州、新疆、西藏、内蒙古、宁夏、云南、海南）；2 = 经济中等发达地区（除 1、2 之外的其他地区）

6　软信息与小微企业信用风险识别和度量　115

表6-7(续)

软信息	变量设置
成立时间：S_8	小微企业成立时间长度：1＝1年以下；2＝1～3年；3＝3年以上至5年；4＝5年以上
车贷、房贷：S_9	车贷和房贷情况，有车贷或房贷记为1，无车贷及房贷记为0，同时有车贷和房贷记为2。车贷、房贷的取值范围为0～2

表6-8是所有变量的描述性统计。其中，D_1的平均值为0.13，D_2的平均值为0.5。从全体样本来看，预期违约的小微企业个数为50%，高于实际违约小微企业个数的约3倍；月还本息平均值为5 200元，整体来看小微企业月还款额不高；月收入范围平均值为3.83，主要集中在10 000～20 000元，小微企业月收入也较低；利率均值为13.06%，相对较高。以上几点硬信息指标反映出在人人贷网站平台融资的小微企业普遍规模小，收入整体偏低，信用风险较高。

从软信息变量来看，人人贷网站小微企业认证信息个数较少，均值为4.87个，不到总数的一半；借款标题字数大部分为4个字以上；借款描述大部分字数在31～70字；借款人昵称主要是非姓名的中文；小微企业所在地主要分布在经济发达地区，其次是经济中等发达地区；小微企业成立时间主要集中于1～5年；车贷、房贷的平均值为0.35，可见大部分小微企业没有车贷、房贷。

表 6-8　变量描述性统计

变量	D_1	D_2	H_1	H_2	H_3	H_4	H_5	S_1
计数	703	703	703	703	703	703	703	703
平均值	0.13	0.50	0.52	3.83	6.81	0.28	13.06	4.87
方差	0.11	0.25	0.31	1.28	65.38	0.26	4.66	3.75
最大值	1	1	4.47	5	49	2	24	12
最小值	0	0	0.02	1	1	0	10	1
变量	S_2	S_3	S_4	S_5	S_6	S_7	S_8	S_9
计数	703	703	703	703	703	703	703	703
平均值	1.53	2.17	2.57	0.08	3.85	1.42	2.99	0.35
方差	0.25	0.39	0.42	0.07	1.58	0.35	0.75	0.33
最大值	2	3	3	1	5	3	4	2
最小值	1	1	1	0	1	0	1	0

表 6-9 和表 6-10 是变量相关系数矩阵，从中可以看出，实际违约概率与预期违约概率相关性较强。硬信息中与实际违约概率相关性较强的指标有三个：申请借款笔数、严重逾期笔数和利率。其中，成功申请借款笔数越大，实际违约概率越低；严重逾期笔数和利率越高，实际违约概率越高。软信息中与实际违约概率相关性较强的指标有两个：认证信息个数和车贷、房贷情况。其中，认证信息个数越大，实际违约概率越低；有车贷、房贷，实际违约概率越高。与预期违约概率相关性较强的指标总共有四个，分别是月还本息金额、申请借款笔数、严重逾期笔数和认证信息个数，其中只有一个软信息指标。可见，人人贷预期违约概率主要用硬信息评估。

表 6-9 变量相关系数矩阵 (a)

变量	D_1	D_2	H_1	H_2	H_3	H_4	H_5	S_1
D_1	1.00							
D_2	0.38	1.00						
H_1	0.02	−0.19	1.00					
H_2	0.07	−0.02	0.30	1.00				
H_3	−0.19	−0.32	−0.09	−0.20	1.00			
H_4	0.61	0.39	0.06	0.08	0.04	1.00		
H_5	0.16	0.09	−0.08	−0.15	−0.12	0.14	1.00	
S_1	−0.16	−0.39	0.06	−0.02	0.44	−0.10	−0.14	1.00
S_2	−0.09	−0.03	−0.02	0.03	−0.06	−0.07	0.00	−0.04
S_3	0.01	0.04	−0.02	0.04	−0.07	0.00	0.02	−0.10
S_4	0.09	0.09	0.05	0.07	−0.10	0.01	0.03	0.01
S_5	0.07	0.07	0.00	−0.06	−0.04	0.01	0.01	0.00
S_6	0.06	−0.01	−0.03	−0.03	−0.03	0.02	0.02	0.03
S_7	−0.02	0.06	−0.02	−0.02	−0.02	−0.01	0.02	−0.12
S_8	0.05	0.09	0.00	0.00	−0.05	0.06	0.01	−0.03
S_9	0.12	0.02	0.07	0.09	0.06	0.12	−0.07	−0.01

表 6-10 变量相关系数矩阵 (b)

变量	S_2	S_3	S_4	S_5	S_6	S_7	S_8	S_9
S_2	1.00							
S_3	−0.03	1.00						
S_4	−0.18	0.06	1.00					
S_5	−0.12	0.10	0.09	1.00				

表6-10(续)

变量	S_2	S_3	S_4	S_5	S_6	S_7	S_8	S_9
S_6	-0.22	0.13	0.15	0.14	1.00			
S_7	0.02	-0.04	-0.16	-0.01	-0.07	1.00		
S_8	-0.10	0.17	0.19	0.21	0.11	-0.04	1.00	
S_9	0.03	-0.04	-0.12	-0.08	-0.08	0.03	0.00	1.00

6.4.3 实证分析结果

（1）加入软信息变量后，小微企业信用风险水平下调。

根据表6-11回归结果，归纳出表6-12关于显著变量的违约函数。首先，观察预期违约概率D_2的回归情况：D_{H2}对硬信息回归，5个变量中4个变量显著，分别是月还本息、申请借款笔数、严重逾期笔数和收入范围，其中前3个变量在0.1%的统计水平下显著；D_{HS2}对软信息和硬信息同时回归，硬信息变量的显著个数有3个——月还本息金额、申请借款笔数、严重逾期笔数，3个变量均在0.1%的统计水平下显著；9个软信息变量中只有2个显著，分别是认证信息个数和借款人昵称，并且后者只在1%的统计水平上显著。可见，预期违约概率D_2的评估以硬信息为主导。其次，观察实际违约概率D_1的回归情况：D_{H1}对硬信息回归，回归结果显示只有3个变量显著，分别是申请贷款笔数、严重逾期笔数和借款利率，其中前两个变量在0.1%的统计水平下显著；实际违约概率D_{HS2}对软信息和硬信息同时回归，硬信息有3个变量显著——申请贷款笔数、严重逾期笔数和借款利率；9个软信息变量中有4个变量显著，分别是借款标题、借款描述，年龄、车贷、房贷情况。实际违约概率的回归结果说明预测实际违约概率以软信息为主导，硬信息只起辅助作用。因为预期违约风险高估了实际违约概率，所以加入软信息变量以后，小微企业的信用风险水平下调。需要注意的是，加入软信息后，小微企业信用风险水平下调是对大多数小微企业来说的；具体到个别企业，加入软信息变量后，其信用风险水平不一定下降，也有可能会上升。

表 6-11　Probit 回归结果

变量	D_1		D_2	
	D_{H1}	D_{HS1}	D_{H2}	D_{HS2}
H_1	-0.010 5	-0.158	-0.925***	-0.895***
	(-0.07)	(-0.83)	(-6.89)	(-6.72)
H_2	-0.041 3	-0.064 8	-0.105*	-0.099 3
	(-0.39)	(-0.64)	(-1.97)	(-1.79)
H_3	-0.267***	-0.360***	-0.130***	-0.101***
	(-4.84)	(-6.34)	(-9.30)	(-7.39)
H_4	2.584***	3.009***	1.769***	1.771***
	-9.19	-8.71	-8.93	-8.28
H_5	0.090 6*	0.103**	-0.031 7	-0.044 5
	-2.22	-2.68	(-1.00)	(-1.43)
S_1		0.129		-0.197***
		-1.77		(-5.56)
S_2		-0.605**		-0.059 7
		(-2.64)		(-0.50)
S_3		-0.324*		-0.030 7
		(-2.02)		(-0.33)
S_4		0.142		0.213*
		-0.77		-2.09
S_5		0.981*		0.313
		-2.49		-1.46
S_6		0.102		-0.049 2
		-1.33		(-1.03)
S_7		-0.13		0.135
		(-0.73)		-1.34

表6-11(续)

变量	D_1		D_2	
	D_{H1}	D_{HS1}	D_{H2}	D_{HS2}
S_8		−0.057		0.073 8
		(−0.47)		−1.04
S_9		0.585***		−0.003 34
		−3.44		(−0.03)
_cons	−2.763***	−2.496*	1.658**	1.930**
	(−3.92)	(−2.12)	−3.25	−2.67
Log pseudolikelihood	−103.81	−89.53	−326.75	−305.95
Pseudo R^2	0.62	0.67	0.33	0.37
N	703	703	703	703

注:* 为 $p<0.05$,** 为 $p<0.01$,*** 为 $p<0.001$。

另外,根据 D_2 的回归结果,笔者发现人人贷的预期违约概率评估主要依据月还本息、成功借款笔数、严重逾期笔数等硬信息来判断,利率变量不显著,并且利率系数为负,说明利率越高,违约风险越低,与一般的风险定价模型符号相反。这说明人人贷利率不能体现风险的价值,利率的风险补偿机制没有发挥作用,利率对风险缺乏弹性,未能根据风险水平调整浮动范围,风险定价机制不合理。另外软信息中只有认证信息个数(0.1%的显著水平)和借款人昵称(1%的显著水平)显著,说明借款人虽然在网站留下了很多软信息,但是人人贷并没有充分利用,只是借鉴了认证信息。事实违约概率评估模型则考虑了利率的因素,体现出利率的风险补偿作用。

(2)加入软信息后,违约概率评估更能揭示小微企业真实的信用风险水平。

表 6-12　关于显著变量的违约函数

类型	仅用硬信息识别 信用风险	将硬信息、软信息结合使用 识别信用风险
实际违约 风险	$D_{H1} = \text{Probit}(H_3, H_4, H_5)$ $+\varepsilon_1$	$D_{HS1} = \text{Probit}(H_3, H_4, H_5, S_2, S_3,$ $S_5, S_9) + \sigma_1$
预期违约 风险	$D_{H2} = \text{Probit}(H_1, H_2, H_3,$ $H_4) + \varepsilon_2$	$D_{HS2} = \text{Probit}(H_1, H_3, H_4, S_1, S_4)$ $+\sigma_2$

　　人人贷小微企业违约概率评估存在高估，因此揭示小微企业信用风险的模型应该产生自真实违约概率 D_1 的模型，对比 D_{H1} 和 D_{HS1} 的回归结果，发现加入软信息变量后，D_{HS1} 模型的极大似然值从 -103.81 提高到 -89.53，拟合系数也从 62% 提高到 67%。可见，硬信息结合软信息，尤其充分发挥软信息的作用可以更有效、更准确地度量小微企业信用风险。由表 6-12 可看出，统计显著的软信息变量有 4 个：借款标题，借款描述，企业主年龄，车贷、房贷情况。从变量符号来看，借款标题、借款描述系数为负，说明字数越多，对借款信息的描述越具体，对借款用途和借款人信息的披露越多，借款人的违约风险越小。企业主年龄变量系数为正，说明小微企业主年龄越大，违约的概率越高，这说明小微企业市场知名度低，小微企业主存在道德风险，更看重眼前利益，忽视长远发展，不太爱惜自己的羽毛。车贷和房贷系数为正，说明当借款人有经济压力时，违约概率会增大。可见，加入软信息变量后，信用评估更全面、合理，更接近小微企业真实的风险水平。

　　（3）稳健性检验。

　　为了检验软信息变量的稳定性，本书使用改变某个变量和改变评估模型的方法进行稳健性检验。

　　首先，由于小微企业逾期次数和严重逾期笔数相关，二者的相关系数达 0.74。因此，用严重逾期次数替换严重逾期笔数进行变量替换稳健性检验①。如表 6-13 所示，变量替换法 probit 稳健性检验显著的软信息变量有三个：借款标题，企业主年龄，车贷、房贷情况。系数符号与原模型相同，只是相比原模型少了借款描述，说明该变量对违约概率的评估作用不稳定，而其他变量对违约风险的识别作用都是稳定的。

表 6-13　变量替换法 probit 稳健性检验

D_1	Coef.	Std. Err.	z
H_1	0.06	0.15	0.39
H_2	0.18	0.02	9.45
H_3	−0.06	0.08	−0.77
H_4	−0.31	0.04	−7.68
H_5	0.07	0.04	1.80
S_1	0.09	0.06	1.57
S_2	−0.37	0.17	−2.14
S_3	−0.13	0.14	−0.91
S_4	0.15	0.16	0.99
S_5	0.63	0.28	2.27
S_6	0.06	0.07	0.91
S_7	−0.22	0.14	−1.56
S_8	0.00	0.10	−0.04
S_9	0.44	0.13	3.50

---

① 逾期次数是指融资成功后，超过 30 天且低于 90 天未还款的次数，逾期次数包括本笔借款和历史借款的逾期次数。严重逾期笔数是指不包括本笔借款的，借款严重逾期的笔数。

表6-13(续)

D_1	Coef.	Std. Err.	z
_cons	−1.82	0.96	−1.89
Loglikelihood	−149.14		
Pseudo R^2	0.45		

其次，改变评估模型，使用 Logit 模型对原来的变量进行重新估计，检验结果如表 6-14 所示，与改变变量稳健性检验结果相同，再次说明借款标题，企业主年龄，车贷、房贷情况这三个软信息变量对小微企业违约风险的重要度量作用。

表 6-14　Logit 模型检验结果

D_1	Coef.	Std. Err.	z
H_1	−0.26	0.39	−0.67
H_2	−0.09	0.20	−0.47
H_3	−0.68	0.10	−6.96
H_4	5.78	0.72	8.05
H_5	0.16	0.09	1.90
S_1	0.22	0.15	1.42
S_2	−1.08	0.43	−2.47
S_3	−0.57	0.35	−1.66
S_4	0.23	0.35	0.65
S_5	1.78	0.86	2.07
S_6	0.18	0.15	1.18
S_7	−0.29	0.33	−0.89
S_8	−0.09	0.24	−0.37

表6-14(续)

D_1	Coef.	Std. Err.	z
S_9	0.98	0.33	2.94
_cons	-4.32	2.29	-1.89
Log likelihood	-88.89		
Pseudo	0.67		

6.4.4 结论

从小微企业信用风险来源入手，笔者发现大多数小微企业还款能力弱，这是信用风险存在的客观原因；但也存在有些小微企业还款意愿差等主观违约情况。如果前者能够通过一些硬信息指标验证，那么后者就无法使用硬信息观察，尤其是有些小微企业硬信息也存在遗漏、造假，这种情况使硬信息对小微企业的风险识别功能大打折扣。因此，要正确识别小微企业的信用风险，就要将硬信息和软信息结合使用，尤其要充分发挥软信息的风险识别作用。原因有四点：第一，相对于硬信息，小微企业软信息伪造成本往往比较高，揭发成本低，因此，对银行来说，小微企业的软信息质量比硬信息质量好。第二，软信息能使小微企业的信用风险评估更科学合理。第三，软信息跨期平滑，相对于硬信息，时间稳定性更长。第四，只有融入软信息，小微企业才更有可能成为银行的潜在客户。因此，软信息使用的广度和深度是科学识别小微企业信用风险的重要因素。

小微企业信用风险难以有效度量是银行排斥小微企业的根本原因。小微企业硬信息质量差、数量少，银行以硬信息为主要输入变量的信用风险度量方法将小微企业直接从其客户范围中排除。因此缓解银行对小微企业的金融排斥就必须根据小微企业自身的风险特点改进信用风险度量方法。

通过对比分析以软信息为主要输入变量的定性分析法和以硬信息为主要输入变量的定量分析法，笔者发现两种方法各有优势，也都存在一些不足。如果将两者结合起来则能扬长避短，这就是混合分析法。使用混合分析法能够达到认识"较多人的多面性"的目的，克服了定性分析法了解"较少人的多面性"和定量分析法研究"较多人的单面性"的局限。混合分析法特别适用于对硬信息不足、以小微企业为首的借款人的信用风险评估。使用人人贷网络借贷平台的数据进行的实证研究也验证了这一方法的有效性：如果仅使用硬信息来识别风险，小微企业的违约概率更高；加入软信息后，小微企业的信用水平风险整体下调；加入软信息后，违约概率评估更能揭示小微企业真实的信用风险。

7 互联网软信息与商业银行
盈利模式

使用能够降低软信息成本的信息技术是缓解小微企业金融排斥的关键，那么这种信息技术能否为商业银行带来盈利？缓解小微企业金融排斥是否和提高商业银行盈利水平激励相容？本章从信息经济学角度，分析互联网技术对信息成本和信息收益的影响机理，以期为商业银行在信息时代环境下进一步认识互联网技术的价值以及调整盈利模式提供参考。

7.1 互联网技术的功能属性

近年来，互联网技术为社会经济生活带来了翻天覆地的变化，互联网技术使人们的交流方式、购物方式、娱乐方式和教育方式等发生改变。这是因为互联网技术具有以下功能：

（1）信息互联互通。这是互联网技术的基本功能，互联网技术能使信息适时发现、集中呈现、多样化展示、及时更新、高速传递，可以实现信息、资金的互联互通，能使人们的社交、商业、购物、教育、娱乐等在线上完成。尤其是在移动互联和物联网技术的支持下，互联互通信息的种类增多、信息数量猛增，信息传递的时间、空间和主体均获得了很大的突破。

（2）信息挖掘。这主要体现在数据挖掘技术、人工智能信息检索和自然语言理解技术等方面。信息挖掘技术能够通过搜索引擎，输入关键词，在结构化、半结构化和非结构化的信息中快速搜索用户需要的深层次信息（费愉庆，2005），向用户展现多维信息，满足用户多样化、个性化的信息需求。

（3）信息加工。以大数据技术与机器学习算法为代表的互联网信息加工技术能够从"超高维""高噪声""高稀疏"的海量数据中挖掘出隐藏在其背后的规律，在金融、化学制药、远程通信、市场营销、军事、客户关系管理、零售业、过程控制、质量监督等领域有广阔的应用前景（田文英，2004），能够发挥信息的社会效应和经济效应。

（4）信息贮存。云存储通过网络可以将本地数据存放在SSP（存储服务提供商）提供的在线存储空间中。云存储支持云资源服务、云备份、云数据共享等多种应用方式，提供标准化接口给其他网络服务（周可 等，2010）。运用云存储服务，用户不需要建立数据中心，只要向SSP申请存储服务即可，云存储容量大、成本低，能够节约昂贵的软硬件云存储系统，有助于降低企业成本。

由此可见，互联网技术具有信息属性，能够使信息的收集渠道更广、加工速度更快、解读更为合理、传输更为保真、贮存更为快捷，在信息处理方面具有其他技术不可比拟的功能和优势。因此，互联网技术成为目前提高信息技术水平，降低软信息成本的重要方法和发展趋势。互联网技术为商业银行提高信息技术水平、降低信息成本提供了有力支持，但同时也降低了银行的信息收益。

7.2 基于信息经济学视角的商业银行盈利模式分析

从信息经济学视角来看，商业银行主要利用信息不对称来获取利润，其经营的主要产品包括存款、贷款、中间业务服务等，信息价格分别是存款利率、贷款利率和中间业务服务费率等（曾康霖，2002）。在存贷款业务中，商业银行充当存款人和贷款人的信息中介，根据掌握的信息资源进行合理的信息匹配，实现金融资源数量结构和期限结构的有效配对。商业银行以较低利率吸收存款，再以较高利率发放贷款，并承担一定的违约风险，经过风险调整后的存贷款利差就成为商业银行的信息收益。为达成上述交易，商业银行必须为存款人提供服务、搜集借款人信息、筛选合格的借款人，所付出的成本构成商业银行的信息成本。在中间业务中，商业银行收取的服务费和提供服务时产生的人力、物力、财力等费用分别构成商业银行中间业务的信息收益和信息成本。目前中间业务利润已成为欧美发达国家商业银行的第一利润来源，在我国商业银行也占有10%左右的利润贡献。然而本书主要研究商业银行如何利用小微企业的软信息进行信贷决策，主要涉及存贷款业务，因此，本书暂不对中间业务服务产生的信息收益和信息成本做进一步深入研究。

商业银行吸纳存款的目的不是替存款人保管资金，而是将存款再投放出去获得差额收益，约束条件是在可容忍的风险范围之内实现信息成本可控。因此，商业银行要在可控的信息成本范围之内，尽可能多地收集借款人信息，提高风险识别能力，减少信息不对称。信息成本包括软信息成本和硬信息成本，软信息不可量化，加工解读复杂，收集使用成本高；硬信息可以量化，能够计算，操作简单，使用成本低。长期以来硬信息成本一直维持在低位，受信息技术水平的影响没有软信息成本大。因此，本书中商业银行的信息成本主要指软信息成本。

商业银行的信息收益来自贷款业务。由于存款人和借款人之间存在信息不对称，存款人不能识别借款人风险，两者之间无法直接交易，导致社会资源闲置、浪费。商业银行作为存款人和借款人之间的信息中介，凭借专业知识和信息优势，汇集存款人的资金，对借款人信息进行收集、加工和解读，从而判断借款人风险水平，最终卖出信息产品而获得信息收益。信息收益来源于商业银行对借款人信息进行加工、使用而得到的信息租金，即贷款利率。同时，商业银行的资本金相对于贷款总额是较少的，商业银行主要运用存款人的资金从事贷款业务，所以在信息租金中要扣除资金成本，即存款利率。另外，由于信息不对称不能完全消除，商业银行还要承担信息风险，即客户的违约风险，这部分风险也要从信息租金中扣除。由此可见，商业银行的信息收益是经过风险和资金成本调整后的信息租金（假设银行单位客户的贷款金额相等）。令商业银行的单位信息收益、单位信息租金、资金成本和信息风险分别为 R、I、i、r，则有

$$R=I-i-r \tag{7-1}$$

由式（7-1）可看出，信息收益与信息租金正相关，与信息风险和资金成本负相关。其中，信息租金和资金成本主要取决于市场的垄断程度，信息风险则反映商业银行对风险的接受程度，体现其风险偏好和风险容忍度。

商业银行利润是信息收益和信息成本的差额。令 π、H 为商业银行利润和硬信息成本，假设硬信息成本跟信息技术水平无关，则商业银行利润的数理表达式如下：

$$\pi = R - [S(t) + H] \tag{7-2}$$

由此可见，商业银行的单位利润变化方向取决于信息收益与信息成本的相对变化。当信息收益降幅大于信息成本降幅时，商业银行利润下降；反之，则商业银行利润上升；当二者降幅相同时，商业银行的利润保持不变。

7.3 互联网技术对商业银行盈利模式的影响

7.3.1 互联网技术对商业银行软信息成本的影响机理

商业银行的软信息成本包括收集、加工、解读、贮存、传输和购买小微企业软信息所付出的成本，信息技术可以作用于除购买以外的所有环节。信息技术水平通过信息使用维度、客户类型范围、加工深度影响商业银行小微企业软信息成本。传统技术水平下，商业银行的信息维度少，主要使用能够量化操作的财务信息等硬信息；受财务要求的制约，小微企业被排除在商业银行客户范围之外；同时信息加工比较粗放，商业银行对客户财务信息的处理形成了一整套相对简单、快捷的规则。总体来看，传统技术条件下商业银行的信息成本较低，其中信息成本主要是硬信息成本。

互联网信息时代，商业银行的信息来源渠道众多，既可以由小微企业提供，也可以通过第三方（比如政府网站、社交网络、购物网站等）获取，商业银行使用的软信息维度扩大。信息来源的多元化使商业银行能够通过多种途径了解小微企业的信用状况，信息不对称程度降低，同时淡化了传统技术条件下财务信息在风险评估中的绝对地位，将小微企业纳入客户范围。另外，信息维度的扩大使得商业银行必须采用复杂的评估模型

（如机器学习模型）预测风险，促使信息加工、解读能力提高。借助互联网收集、使用信息需要配备复杂的软硬件基础设施，初始投资高，属于资金密集型和技术密集型投入。商业银行的单位软信息成本主要取决于客户数量。长期来看，随着商业银行处理的客户数量的增加，单位软信息成本将会降低；但在短期内，由于需要购买新的软硬件设施，并耗费大量人力、物力进行配合和系统试运行，使用互联网技术处理软信息并不一定会给商业银行带来成本削减上的好处，技术进步所节省的成本可能被前期的高额投入抵消，单位软信息成本甚至可能上升。只有当客户数量达到一定规模时，利用互联网技术处理信息的单位软信息成本才会显著下降，并且此时软信息的边际成本极低，甚至降低至零。

商业银行的单位软信息成本用 S 表示，信息技术水平用 t 表示。信息技术水平可以通过信息维度、加工深度、客户类型范围等变量来表示。一般来说，随着信息技术水平的提高，商业银行使用的信息维度增多，信息加工的复杂性提高，商业银行能够更加准确地评估客户的风险水平，进行科学的风险管理，进而使可服务的客户类型增加，从大中型企业、老客户扩展到小微企业、一般个人。随着信息技术水平的提高，单位信息成本先上升后下降，信息成本与信息技术水平存在如下函数关系：

$$\frac{\partial S}{\partial t} = \begin{cases} > 0, & t < T \\ = 0, & t = T \\ < 0, & t > T \end{cases} \quad 且 \frac{\partial^2 S}{\partial t^2} < 0, \lim_{t \to \infty} \frac{\partial S}{\partial t} = 0, \qquad (7-3)$$

$$\lim_{t \to 0} S(t) = h, \ \lim_{t \to \infty} S(t) = m, \ 且 \ 0 < m < h$$

假设商业银行使用互联网技术软信息的小微企业数量存在临界值 T（见图7-1），对软信息成本与信息技术水平的函数关系及其变化趋势说明如下：

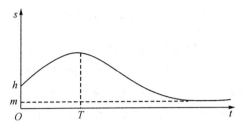

图 7-1 软信息成本与信息技术水平

$\lim\limits_{t \to 0} S(t) = h$，$\lim\limits_{t \to \infty} S(t) = m$，$0 < m < h$。$h$ 为传统经营模式下商业银行的单位软信息成本，处于软信息成本曲线的起点位置，此时商业银行客户主要由熟人组成，商业银行和客户之间信息透明度较高，单位软信息成本较低。m 为小微企业数量足够多时的单位信息成本，m 大于零但小于 h，这是商业银行采用互联网技术处理软信息的经济动力。

当 $t < T$ 时，$\dfrac{\partial S}{\partial t} > 0$。随着信息技术水平的提高，商业银行运用互联网技术服务的小微企业类型增多。这个时期商业银行处于员工学习和系统试运行阶段。信息技术水平每提高到一个数量级，商业银行就需要购买一定数量的信息贮存、传输、处理设备，或升级现有软硬件，对现有人员进行培训或引进相关技术人员，导致单位软信息成本增加。

当 $t = T$ 时，$\dfrac{\partial S}{\partial t} = 0$。信息技术水平达到一定高度，商业银行运用互联网技术服务的小微企业类型数量达到临界值，单位软信息成本达到最大值。这时信息系统试运行阶段结束，商业银行不再大规模购买设备，系统固定成本增加相对较慢。由于商业银行拓展的客户类型已达到较大数量，商业银行此时一般需要组建专业的技术团队，以充分挖掘小微企业软信息的价值。

当 $t > T$ 时，$\dfrac{\partial S}{\partial t} < 0$。信息技术水平突破临界点，商业银行使用互联网技术处理软信息的规模经济效应凸显，小微企业类型越多，单位软信息成本越低。由于前期设备投入的固定成本在软信息成本中占比较大，小微企业数量越多，设备利用越充分、单位小微企业分摊的固定成本就越小，加之人员操作的效率更高，商业银行可以逐步实现对软信息的规模化、批量化处理。

$\dfrac{\partial^2 S}{\partial t^2} < 0$，$\lim\limits_{t \to \infty} \dfrac{\partial S}{\partial t} = 0$。这体现了信息技术的边际成本递减规律。随着互联网技术的发展和广泛应用，商业银行的软信息处理能力和软信息使用效率提高，部分业务操作可以使用计算机程序自动完成，增加处理一个小微企业类型的软信息边际成本大大降低，当小微企业类型数量足够多时，软信息边际成本几乎降为零。

综上所述，互联网技术能否降低商业银行的单位软信息成本主要取决于处理软信息的规模大小。运用互联网技术处理软信息具有规模效应，边际成本递减。软信息处理规模较大时，运用互联网技术可以大幅度降低商业银行的单位软信息成本。如果软信息处理规模较小，运用互联网技术的成本优势并不明显，甚至还可能使单位软信息成本增加。

7.3.2 互联网技术对商业银行信息收益的影响机理

互联网技术是一把双刃剑，在降低商业银行单位信息成本的同时，也降低了单位信息收益。

一是互联网技术的运用降低了商业银行的单位信息租金和资金成本的差额，即存贷利差 $(I-i)$。令 $I-i=u\,(t)$。随着互联网技术的广泛普及，信息互联互通增强，商业银行的存贷利差收窄，即有 $\frac{\partial u(t)}{\partial t} < 0$。存贷利差是商业银行信息收益的重要来源，与银行业市场结构有关；而银行业市场结构除了受经济和金融制度的影响，还受信息技术水平的制约。本书仅讨论信息技术水平对存贷利差的影响。商业银行的获利行为属于套利交易，受参与主体数量和交易频次的影响较大。参与主体数量越多、交易频次越高，套利空间越小，所获利差就越小。信息技术影响市场参与主体数量和交易频次。当信息技术水平较低时，如采用口口相传的传统信息交流方式，交易双方的沟通障碍较大，信息不对称程度高，市场信息不易扩散，市场交易机会仅被少数参与主体抓住，容易形成信息垄断。信息优势方将获得较高的信息租金，并只需支付较低的资金成本，进而获得较高的存贷利差。当信息技术水平较高时，尤其是在互联网技术得到广泛运用的情况下，信息的流通和传播速度加快，套利参与者也随着信息技术的普及而增加。如果市场存在套利机会，套利参与者就会立即根据掌握的信息进行计算，迅速完成套利交易。在这种情况下，频繁的套利使存贷利差不断收窄。由此可见，商业银行可运用互联网技术迅速获取市场信息、及时把握市场机会，提高套利的速度和准确性。但随着套利参与者数量的增加，存贷利差随之不断收窄。

二是互联网技术降低了商业银行的单位信息租金和信息风险的差额，即无风险利差（$I-r$）。令 $I-r=v(t)$。信息技术水平的提高使得无风险利差下降，即有 $\frac{\partial v(t)}{\partial t} < 0$。当信息技术水平较低时，商业银行的风险识别和防控能力有限，风险偏好较为保守，风险容忍度较低。因此，通常情况下商业银行无法满足部分客户（如小微企业）的融资需求，或要求客户支付较高的利率，此时无风险利差较高。当信息技术水平较高时，商业银

行的风险管理和内部控制水平提升，风险偏好由保守转为中性甚至激进，风险容忍度也相应提高。商业银行能够比较准确地评估客户的信用状况，根据客户信用评分来提供不同类型的金融产品，并将客户的风险水平与贷款利率相匹配。此时商业银行的客户范围扩大了，但无风险利差有所降低。

综上所述，互联网技术既收窄了商业银行的存贷利差，也收窄了无风险利差。互联网技术与单位信息收益之间的关系可以表述为

$$R=I-i-r=(I-i)+(I-r)-I=u(t)+v(t)-I \qquad (7-4)$$

对 t 求导：$\dfrac{\partial R}{\partial t}=\dfrac{\partial u}{\partial t}+\dfrac{\partial v}{\partial t}<0$

所以，随着互联网技术的广泛使用、信息技术水平的提高，商业银行的单位信息收益将有所下降。

7.3.3 互联网技术对商业银行盈利的影响机理

银行利润是信息收益和信息成本的差额，互联网技术对银行单位利润的影响通过单位信息成本和单位信息收益两方面的变化体现（见图7-2至图7-5）。

（1）随着互联网技术的普及，商业银行盈利水平先下降后上升，最后长期保持在低位。

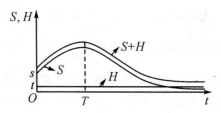

图7-2　信息成本与信息技术水平

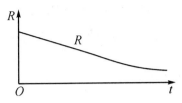

图7-3　信息收益与信息技术水平

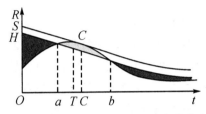

图7-4　信息成本、信息收益与信息技术水平

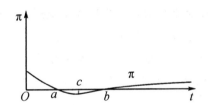

图7-5　银行盈利水平与信息技术水平

将式（7-4）代入式（7-2），得

$$\pi = u(t) + v(t) - I - [S(t) + H] \qquad (7-5)$$

由式（7-5）可看出，商业银行盈利水平受互联网技术的影响。

对 t 求导：$\dfrac{\partial \pi}{\partial t} = \dfrac{\partial u}{\partial t} + \dfrac{\partial v}{\partial t} - \dfrac{\partial S}{\partial t} = \dfrac{\partial R}{\partial t} - \dfrac{\partial S}{\partial t} = \begin{cases} < 0, & \dfrac{\partial R}{\partial t} < \dfrac{\partial S}{\partial t} \\[2mm] = 0, & \dfrac{\partial R}{\partial t} = \dfrac{\partial S}{\partial t} \\[2mm] > 0, & \dfrac{\partial R}{\partial t} > \dfrac{\partial S}{\partial t} \end{cases}$

假设 C 点是信息成本曲线上斜率和信息收益曲线相等的点（如图 7-4 所示），当 $t < c$ 时，$\dfrac{\partial R}{\partial t} < \dfrac{\partial S}{\partial t}$；$t = c$ 时，$\dfrac{\partial R}{\partial t} = \dfrac{\partial S}{\partial t}$；$t > c$ 时，$\dfrac{\partial R}{\partial t} > \dfrac{\partial S}{\partial t}$。即存在：

$$\frac{\partial \pi}{\partial t} = \begin{cases} < 0, & t < c \\ = 0, & t = c \\ > 0, & t > c \end{cases}$$

从图 7-5 可以看出，随着互联网技术的普及、信息技术水平的提高，商业银行单位利润先下降后上升，最后长期保持在低位。当信息技术水平较低时，银行的信息收益较高，单位信息成本较低，单位利润较高。随着互联网技术的渗透，商业银行的信息技术水平逐步提高，单位信息成本快速上升。存贷利差和无风险利差的收窄导致单位信息收益减少，此时商业银行的单位利润快速下降，甚至可能出现亏损[①]。此后，随着互联网技术的进一步普及，商业银行业务创新实践经验的不断积累，客户类型及数量的持续增加以及信息系统功能的不断增强，商业银行的单位信息成本逐步降低，且其降幅大于单位信息收益的降幅，从而使单位利润逐步回升，并最终维持在相对于互联网技术推广应用之前的较低水平。

（2）降低小微企业金融排斥度能够提高商业银行的盈利水平。

式（7-5）反映的是商业银行单位贷款利润，假设商业银行为小微企业提供的贷款额为 L_i，则商业银行的贷款利润为

$$\Pi = \pi L_i = R(t) L_i - [S(t) + H] L_i \tag{7-6}$$

---

① 本书研究的银行利润仅限于存贷款利润，当存贷款利润快速下降甚至降低为负数时，由于商业银行还有中间业务等其他利润来源，银行的整体盈利水平仍然可能是非负的。

由式（7-6）可以看出，商业银行盈利水平与信息收益、软信息成本、硬信息成本、信息技术水平和贷款额有关。

重温第五章的金融排斥度公式：

$$E = 1 - \frac{\int_1^l R_i di}{\int_1^l r_i di} = \frac{S_i L_i}{A_i} + \frac{H_i L_i}{A_i} + \frac{\alpha_i h_i L_i}{A_i}$$

由公式左右两边同时乘以 A_i，得

$$A_i E = S_i L_i + H_i L_i + \alpha_i h_i L_i \tag{7-7}$$

$A_i E$ 可以理解为金融排斥为商业银行造成的利润损失，等价于商业银行为此付出的信息成本和小微企业违约时获得的部分补偿。

将式（7-7）变形，得

$$S_i L_i + H_i L_i = A_i E - \alpha_i h_i L_i \tag{7-8}$$

将式（7-8）代入式（7-6），得出商业银行利润与金融排斥度的函数关系：

$$\Pi = - A_i E + R(t) L_i + \alpha_i h_i L_i \tag{7-9}$$

由式（7-9）可知，商业银行的盈利水平与金融排斥度、风险偏好、信息收益、贷款额和小微企业的硬信息成本有关。在其他变量一定的情况下，商业银行的盈利水平与金融排斥度成反比（如图 7-6 所示），金融排斥提高，商业银行盈利水平降低，反之则提高。另外，如前面分析，信息技术对商业银行盈利水平的影响趋势是先下降、后上升，最后稳定为一个低水平。金融排斥度与商业银行盈利水平负相关，所以小微企业金融排斥与信息技术的关系将出现一个相反的路径（如图 7-7 所示）：先上升、后下降，最后保持在一个较低的水平上，与第三章得出的金融排斥演化趋势相吻合。这是因为先进的信息技术既包括经济发展水平的提高，也包括软信息成本的降低。一般来说，信息技术水平与经济发展水平是一致的，二者都随时间的推移而提高。信息技术水平与软信息成本则呈螺旋式下降的走势，总的方向是软信息成本随着信息技术水平的提高而降低；但在一项先进的技术尚未大规模普及时，软信息成本又随着信息技术水平的提高而上升。

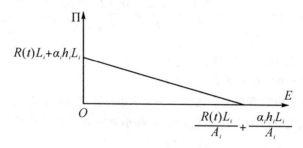

图 7-6　金融排斥度与银行盈利水平

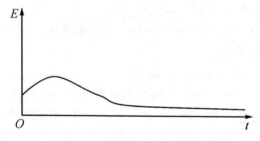

图 7-7　金融排斥度与信息技术

由此可见，降低软信息成本，在降低小微企业金融排斥度的同时，可以提高商业银行的盈利水平，二者激励相容，实现互利共赢。软信息成本高，在小微企业业务信息收益确定的情况下，商业银行的盈利水平低；软信息成本高，商业银行无法识别小微企业的风险水平，从而拒绝为小微企业提供金融服务，金融排斥度高。如果商业银行采用互联网技术批量处理小微企业软信息，则可以大幅度降低软信息成本，从而能够提高商业银行的盈利水平。另外，软信息成本低，商业银行将利用更多类型的软信息识别小微企业风险，在科学风险定价的基础上，将把更多的小微企业纳入商业银行的客户范围，从而降低商业银行对小微企业的金融排斥。并且软信息成本降幅越大，商业银行盈利水平提高的幅度越大，金融排斥的降幅也越大，缓解效果越明显。盈利水平的提高使商业银行有经济动机使用更先进的信息技术来降低软信息成本，良性循环使商业银行的盈利水平更上一个台阶，金融排斥度也进一步降低。

因此，商业银行要想提高盈利水平，就必须采用先进的技术手段降低软信息成本，使用软信息识别小微企业风险，进行信用风险定价，以获得合理的风险收益，从而服务更多的小微企业，在降低小微企业金融排斥的同时，获得丰厚的经济回报。这也是富国银行、蚂蚁集团等小微企业贷款业务做得比较优秀的金融机构的主要思路。商业银行从事小微企业贷款业务必须充分认识风险的预期损失，同时也要科学把握风险的潜在价值。

7.4　互联网技术对商业银行盈利模式的长期影响与银行业转型方向

从图7-5中我们可以发现，信息技术水平的不断提高会使得商业银行存贷款业务的单位利润下降，在一定时期内甚至可能降低到负值，长期来看也将保持在一个比较低的水平。由此很自然地引申出一个问题，即商业银行为什么要提高信息技术水平？

随着互联网技术在整个社会的不断渗透，很多服务性行业逐步实现了去中介化，交易双方可以通过互联网快速、便捷、低成本地获取有关信息，直接在网上沟通并达成交易。信息透明度的提高，使得以占有并使用特定信息为主要赢利来源的部分行业的单位信息收益大幅下降，如金融、新闻、唱片等行业。在大数据时代，客户信息是商业银行重要的无形资产和潜在利润源泉。商业银行需要运用互联网技术，提高信息技术水平，才能充分挖掘客户信息的潜在价值，为客户提供多元化金融服务，进而稳定客户、维系经营并提升长期竞争力。因此，在提高信息技术水平方面，商业银行要在长远发展和短期利益之间找到最佳平衡点。

此外，互联网技术的广泛应用虽然降低了商业银行的单位信息收益和单位利润，从根本上影响了商业银行的传统利润来源——存贷利差，短期内可能对主要从事信贷业务的商业银行产生较大冲击，但互联网技术也为商业银行提供了新的、便捷的获客渠道。商业银行可通过互联网技术的运用，将更多的客户纳入服务范围，同时深入挖掘中间业务及其他业务的潜力，加快发展方式和盈利模式转型。

8　研究结论与展望

　　总体来看，中国经济流动性充裕，但小微企业却长期受到商业银行的金融排斥，小微企业获得的金融资源与其对经济的贡献度不相匹配，小微企业金融排斥已经对社会经济产生了一定的不良影响。虽然政府三番五次出台政策要求商业银行降低对小微企业的金融排斥，但收效并不显著。随着互联网对经济生活的渗透，整个社会的数字化程度提高，社会进入信息时代。互联网技术降低了全社会的信息成本，使商业银行收集小微企业软信息的成本大幅下降。在新的技术环境下，商业银行的信息处理能力增强，商业银行对小微企业的金融排斥能否得到缓解，商业银行如何进行制度创新和技术创新，如何发挥优势，挖掘价值洼地，创造新的利润来源，对这一系列问题的研究具有重要的理论价值及实践意义。

8.1　研究结论

　　本书从软信息成本角度对小微企业金融排斥的缓解进行系统研究，主要分析了小微企业金融排斥的内在逻辑、突破口、缓解机制和缓解措施等。

1. 小微企业金融排斥的重新解读

金融排斥是商业银行在一定信息条件下的理性选择，是一种市场行为。要扭转这种情况，依靠行政力量成本是很高的，并且会出现金融消费者过度负债、商业银行发展不可持续的局面。然而金融排斥这种市场行为并不是一成不变的，在一定技术条件和制度环境下，市场可以自我修复，自我完善。金融排斥是动态变化的，在不同的社会、经济、金融、技术环境下，小微企业的金融排斥不同，并存在特定的演化过程，受经济发展水平和软信息成本影响。其中，经济发展水平与金融排斥存在库兹涅茨效应，金融排斥随着经济发展水平的提高先上升后下降。软信息成本和金融排斥正相关，软信息成本提高，金融排斥上升；反之，金融排斥下降。因此，采用特殊的制度安排、技术手段降低软信息成本，可以降低小微企业金融排斥。

2. 我国商业银行金融排斥小微企业的内在逻辑和突破口

从商业银行的偏好来看，小微企业不属于能够为其带来利润的、正常的客户范围，所以小微企业金融排斥这么多年在我国一直是一个难以从根本上打开的死结。商业银行能在多大限度上为小微企业提供金融服务，主要取决于政府与社会施加的压力。然而通过对富国银行、蚂蚁集团和民生银行的案例研究笔者发现，小微企业业务具有很高的投资价值，能够带来可观的经济利润。小微企业业务有无价值、价值大小取决于主要商业银行的贷款技术水平的高低及其风险管理能力的强弱。

目前，我国商业银行信贷审批主要依靠硬信息，忽略了软信息的价值，而小微企业的最大特点就是硬信息数量少，质量差。硬信息和软信息是互补的，二者都能反映企业的风险水平。当硬信息缺乏时，要识别企业风险，就必须通过软信息来实现。而真正能反映小微企业风险的并不是企业的硬信息，而是企业家才能、企业社会资源、产品的市场认可度等软信息。因此，如果不能通过软信息弥补信息不对称问题，小微企业受到的这种系统性、机制性的金融排斥就不会出现实质性改善。商业银行不愿意使用小微企业的软信息，重要原因是软信息收集、使用成本太高。如果能通过某种技术手段降低软信息成本，商业银行将可能使用软信息识别风险，放松硬信息对贷款要求的约束，将小微企业纳入商业银行的交易可能性集合，从而降低对小微企业的金融排斥。

3. 我国小微企业金融排斥的缓解前提

利用软信息识别小微企业信用风险是缓解小微企业金融排斥的理论前提和操作基础。从小微企业信用风险来源入手，笔者发现大多数小微企业还款能力弱，这是信用风险存在的客观原因；但也存在有些小微企业还款意愿差等主观违约情况。如果前者能够通过一些硬信息指标验证，那么后者就无法使用硬信息观察，尤其是有些小微企业硬信息也存在遗漏、造假，这种情况使硬信息对小微企业的风险识别功能大打折扣。因此，要正确识别小微企业的信用风险，就要将硬信息和软信息结合使用，尤其要充分发挥软信息的风险识别作用。并且要对其进行有效度量。通过对比分析以软信息为主要输入变量的定性分析法和以硬信息为主要输入变量的定量分析法，笔者发现两种方法各有优势，也都存在一些不足。如果将两者结合起来则能扬长避短，这就是混合分析法。使用混合分析法能够达到认识"较多人的多面性"的目的，克服了定性分析法了解"较少人的多面性"和定量分析法研究"较多人的单面性"的局限。混合分析法特别适用于硬信息不足、以小微企业为首的借款人的信用风险评估。

4. 我国小微企业金融排斥的缓解措施

利用互联网技术降低软信息成本是商业银行缓解小微企业金融排斥的重要措施。互联网技术以信息为作用对象，在信息的互联互通、挖掘、加工和贮存等方面具有其他技术不可比拟的优势。互联网技术成为目前提高信息技术水平、降低软信息成本的重要方法和发展趋势。利用互联网技术降低软信息成本的程度主要取决于商业银行处理的软信息规模，互联网技术处理软信息具有规模经济效应，并且边际成本递减。互联网技术处理的软信息规模越大，商业银行单位小微企业的软信息成本就会越低；如果处理的软信息规模小，则利用互联网技术的成本优势并不明显，甚至还会使软信息成本提高。另外，互联网技术通过缩小存贷利差和无风险利差使商业银行的信息收益下降。因此商业银行盈利水平随着互联网技术的不断提高，先下降后上升，最后长期保持在低位，这是商业银行在新的信息环境下做出的理性选择。大数据时代，信息成为潜在利润来源，如何挖掘潜在客户的软信息对各个行业都具有重要的战略价值，商业银行需要在长远发展和短期利益之间找到平衡点。

8.2　研究展望

　　研究小微企业金融排斥的文献不多，本书从软信息成本角度分析我国商业银行金融排斥小微企业的缓解思路，研究内容和研究视角都具有一定的创新性。但这也只是从一个角度分析问题，解决小微企业金融排斥是个复杂的系统工程。由于时间、能力所限，书中还存在一些不足，这些问题值得进一步研究和探讨。基于此，本书提出以下几点研究展望：
　　（1）关于金融排斥的文献很多，研究对象主要集中在个人、区域，我国学者对农村地区的金融排斥做了大量的研究，但关于小微企业金融排斥的理论研究和实证分析则相对较少，这给后来学者提供了很大的研究空间。借鉴农村地区的金融排斥研究成果，小微企业金融排斥的研究可以在以下方面展开：金融排斥指标体系构建及测算、影响因素分析、国外经验借鉴等。

（2）本书提出了软信息成本的概念，并主要从经济学和管理学角度解读，尚未从会计学角度对软信息成本进一步精确研究。这一部分的研究包括软信息成本的具体构成，以及互联网软信息成本和传统技术软信息成本各组成部分的对比分析，通过量化研究能使研究更精确，这需要银行和 IT 技术实业界的数据。另外，本书对硬信息成本也没有展开研究，硬信息成本具体包括哪些部分，信息技术的提高对硬信息成本产生何种影响等都是值得进一步深入研究的内容。

（3）在利用软信息和硬信息对小微企业信用风险度量方面，实证数据和方法跟理论论述对接欠紧密：第一，目前商业银行没有公开小微企业的银行信贷信息及有关小微企业的软信息和硬信息；第二，关于软信息的搜集、解读，由于时间及能力有限，本书未按照理论提出的数据挖掘、机器学习模型来评估，而是使用传统的回归模型来评估小微企业信用风险。

（4）部分软信息可能会涉及小微企业或企业主的隐私。信息化和网络化发展导致数据呈爆炸式增长，信息成为潜在利润来源，对各个行业都具有重要的战略价值。然而科学技术是一把双刃剑，软信息在存储、加工和传输过程中可能面临着安全风险。因此对小微企业来说，如何在保护隐私与获取金融服务之间权衡；对商业银行来说，如何把握公开信息与隐私信息的边界：都是值得研究的课题。

参考文献

ANZ, 2004. A report on financial exclusion in Australia [R]. Melbourne: National Australia Bank.

BECK T, TORRE A, 2006. The basic analytics of access to financial service [R]. Washington, D.C.: World Bank.

BECK T, TORRE A, 2007. The basic analytics of access to financial services, financial markets [R]. Institutions and Instruments.

BECK T, HONOHAN P, 2007. Finance for all? Policies and pitfalls in expanding access [R]. Washington, D.C.: World Bank.

BECK T, DEMIRGUC-KUNT A, MARTINEZ P M S, 2007. Reaching out: access to and use of banking services across countries [J]. Journal of financial economics, 85 (1): 234-266.

BERGER A N, 2002. Small business credit availability and relationship lending: the importance of bank organizational structure [J]. Economic journal, 112 (477): 32-53.

BINA L, 2003. Is it worth while? The relevance of qualitative information in credit rating [R]. Working paper.

BRIGITTE G C, CHRISTOPHE J G, 2005. Credit risk management in banks: hard information, soft information and manipulation [R]. Working paper.

CARBÓ S, GARDENER E P M, MOLYNEUX P, 2010. Financial exclusion [M]. London: Palgrave Macmilla.

DATTA K, 2012. Migrants and their money: surviving financial exclusion [M]. Bristol: Policy Press.

DAYSON K, 2004. Improving financial inclusion: the hidden story of how building societies serve the financially excluded [R]. Manchester: University of salford.

DEVLIN J, 2005. A detailed study of financial exclusion in the UK [J]. Journal of consumer policy, 28 (1): 75-108.

European Commission, 2008. Financial services provision and prevention of financial exclusion [R]. Strasbourg: European commission.

EMILIA G, APPENDING A, 2007. Soft Information in small business lending [R]. Working paper.

Financial Services Authority, 2000. In or out? Financial exclusion: a literature and research review [R]. London: FSA.

GARDENER T, MOLYNEUX P, CARBO S, 2004. Financial exclusion: comparative experiences and developing research [J/OL]. http://www. savings - banks - events. org/atf/perpers/Financail% 20Exclusion,% 20Comparative% 20 Experiences% 20 and% 20Developing% 20Research.

GUISO L, SAPIENZA P, ZINGALES L, 2003. People's opium? Religion and economic attitudes [J]. Journal of monetary economics, 50: 225-282.

HONOHAN P, 2006. Household financial assests in the process of development [R]. Washington, D.C.: World Bank.

JEREMY C S, 2000. Information production and capital allocation: decentralized vs. hierarchical firms [R]. National Burearu of

Economic Research.

JOSE M L, 2005. How dose organizational form matter? Communication, distance and soft information [R]. London: London Business School.

KEMPSON E, WHYLEY C, 1999. Understanding and combating financial exclusion [J]. Insurance tends (21): 18-22.

KEMPSON E, WHYLEY C, 1999. Kept out or opted out? Understanding and combating financial exclusion [M]. Bristol: Policy Press.

KOKER L D, 2006. Money laundering control and suppression of financing of terrorism [J]. Journal of financial crime, 13 (1): 26-38.

LEYSHON A, THRIFT N, 1995. Geographies of financial exclusion: financial abandonment in Britain and the United States [R]. Transactions of the Institute of British Geographers, New Series (20): 312-341.

LEYSHON A, THRIFT N, 1993. The restructuring of the UK financial services industry in the 1990s: a reversal of fortune? [J]. Journal of rural studies (9): 223-241.

LEYSHON A, THRIFT N, 1994. Access to financial services and financial infrastructure withdrawal: problems and policies [J]. Area (26): 268-275.

MERYEM B, SAMI B, ABDELWAHED O, 2005. Lending relationship, risk premium and credit availability [R]. Working paper.

MISTRULLI P E, CASOLARO L, 2008. Distance, lending technologies and interest rates [R]. Roman: Bank of Italy.

MITCHELL A P, 2004. Information: hard and soft [R]. Evanston: Kellogg School of Management Northwestern University.

MITCHELL A P, RAGHURAM G R, 2000. Does distance still matter? the information revolution in small business lending [R]. National Bureraru of Economic Research.

OGURA Y, UCHIDA H, 2013. Bank consolidation and soft information acquisition in small business lending [J]. Journal of financial services research, 45: 173-200.

PANIGYRAKIS G, THEODORIDIS P K, VELOUTSOU C A, 2002. All customers are not treated equally: financial exclusion in isolated Greek islands [J]. Journal of financial services marketing (7): 54-66.

PAUL S K, 2015. Financial exclusion of the poor: a literature review [J]. International journal of bank marketing, 33 (5): 654-668.

REBEL A C, LAWRENCE G G, LAWRENCE J W, 2003. Cookie-cutter versus character: the micro structure of small-business lending by large and small banks [R]. Chicago: DePaul University.

蔡恺, 2014. 阿里小贷大数据精控低成本放贷 [N]. 证券时报, 01-30 (1).

曹凤岐, 2001. 建立和健全中小企业信用担保体系 [J]. 金融研究 (5): 40-47.

曹廷贵, 孙超英, 2005. 中国社会信用的现实思考 [J]. 理论与改革 (4): 85-89.

曹廷贵, 孙超英, 2004. 中国社会信用的历史沉思 [J]. 理论与改革 (4): 71-75.

曹廷贵, 苏静, 任渝, 2015. 基于互联网技术的软信息成本与小微企业金融排斥度关系研究 [J]. 经济学家 (7): 72-78.

陈丽芹, 叶焕书, 叶陈毅, 2011. 利用融资租赁解决中小企业融资难问题 [J]. 企业经济 (11): 168-170.

陈游，2012. 富国银行：小微企业贷款的成功典范［J］. 武汉金融（5）：27-30.

陈志武，2009. 金融的逻辑［M］. 北京：国际文化出版公司.

邓超，敖宏，胡威，等，2010. 基于关系型贷款的大银行对小企业的贷款定价研究［J］. 经济研究（2）：83-96.

董晓林，徐虹，2012. 我国农村金融排斥影响因素的实证分析：基于县域金融机构网点分布的视角［J］. 金融研究（9）：115-125.

董晓林，张晓艳，杨小丽，2014. 金融机构规模、贷款技术与农村小微企业信贷可得性［J］. 农业技术经济（8）：100-107.

窦文章，刘西，2008. 基于 CreditMetrics 模型评估银行信贷的信用风险［J］. 改革与战略（10）：81-83.

符刚，刘春华，林万祥，2007. 信息成本：国内外研究现状及述评［J］. 情报杂志（11）：83-86.

费愉庆，2005. 网络信息的挖掘技术［J］. 图书馆学研究（7）：9-11.

高沛星，王修华，2011. 我国农村金融排斥的区域差异与影响因素：基于省际数据的实证分析［J］. 农业技术经济（4）：93-102.

郭斌，刘曼路，2002. 民间金融与中小企业发展：对温州的实证分析［J］. 经济研究（10）：40-47.

郭田勇，2006. 关系型借贷与小微企业融资的实证分析［J］. 金融论坛（4）：49-54.

过新伟，王曦，2015. 硬信息与软信息：孰重孰轻［J］. 金融学季刊（9）：61-92.

韩刚，2012. 商业银行金融创新与科技型小微企业融资困境

突破：以交通银行苏州科技支行为例 [J]. 金融理论与实践
(4)：20-23.

何德旭，饶明，王智杰，2011. 论社区银行与金融包容性发
展 [J]. 中共中央党校党报 (10)：36-40.

何德旭，饶明，2008. 我国农村金融市场供求失衡的成因分
析：金融排斥视角 [J]. 经济社会体制比较 (2)：108-114.

胡振，范静，刘艳，2012. 中国农村金融排斥区域差异的聚
类分析 [J]. 吉林农业大学学报 (11)：705-710.

胡宗义，袁亮，刘亦文，2012. 中国农村金融排斥的省际差
异及其影响因素 [J]. 山西财经大学学报 (8)：51-60.

黄飞鸣，2010. 经济体系的顺周期性问题解读 [J]. 经济评
论 (2)：154-160.

怀特，2008. 金融体系中的顺周期性：我们是否需要一个新
的宏观金融稳定框架 [J]. 金融研究 (5)：65-86.

姬会英，2011. 当前我国中小企业融资难的原因及对策探析
[J]. 特区经济 (2)：219-222.

科斯，阿尔钦，诺斯，1995. 财产权利与制度变迁 [M]. 上
海：上海人民出版社.

李春霄，贾金荣，2012. 我国金融排斥程度研究：基于金融
排斥指数的构建与测算 [J]. 当代经济科学 (3)：9-17.

李国杰，程学旗，2012. 大数据研究：未来科技及经济社会
发展的重大战略领域 [J]. 中国科学院院刊 (11)：647-657.

李建华，韩岗，韩晓普，2008. 基于 Credit Portfolio View 的
信用风险度量模型研究 [J]. 工业技术经济 (3)：46-48.

李涛，王志芳，王海港，等，2010. 中国城市居民的金融受
排斥状况研究 [J]. 经济研究 (7)：15-30.

李志赟，2002. 银行规模与小微企业融资 [J]. 经济研究
(6)：38-45.

李欣，赵旭升，2013. 富国银行小微金融贷款模式的经验及借鉴 ［J］. 金融管理与研究 （4）：42-44.

梁冰，2005. 我国中小企业发展及融资状况调查报告 ［J］. 金融研究 （5）：120-138.

廖理，李梦然，王正位，2014. 聪明的投资者：非完全市场化利率与风险识别 ［J］. 经济研究 （7）：125-137.

林波，2010. 民生银行：小微企业贷款成就"小微企业的银行"［J］. WTO 经济导报 （5）：32-37.

林立，2012. 富国银行小微金融业务发展：金融功能观视角的分析 ［J］. 投资研究 （11）：20-32.

林毅夫，李永军，2010. 中小金融机构发展与中小企业融资 ［J］. 经济研究 （1）：10-20.

刘海二，2013. 手机银行、技术推动与金融形态 ［D］. 成都：西南财经大学.

刘新海，2014. 大数据征信应用与启示：以美国互联网金融公司 Zest Finance 为例 ［J］. 清华金融评论 （10）：93-98.

刘雅辉，张铁赢，勒小龙，等，2014. 大数据时代的个人隐私保护 ［J］. 计算机研究与发展 （11）：230-248.

刘迎春，2012. CreditRisk+模型在信贷组合信用风险度量中的应用研究 ［J］. 数学的实践与认识 （5）：45-51.

刘越，2010. 云计算综述与移动云计算的应用研究 ［J］. 信息通信技术 （2）：14-20.

马九杰，沈杰，2010. 我国金融新政对增加农村金融信贷供给的作用：基于对新型农村机构的调查 ［J］. 现代经济探讨 （6）：75-79.

马荣华，2015. 市场失灵型金融排斥的治理：美国社区发展金融的经验及启示 ［J］. 社会科学 （6）：43-52.

潘席龙，苏静，2016. 软信息成本与金融机构小微企业金融

包容度关系研究 [J]. 投资研究 (4)：130-139.

潘意志，2012. 阿里小贷模式的内涵、优势及存在问题探析 [J]. 金融发展研究 (3)：30-33.

裴子谊，2011. 我国商业银行小微企业资产证券化产品设计及风险防范 [J]. 经济视角 (9)：63-64.

彭江波. 以互助联保为基础构建中小企业信用担保体系 [J]. 金融研究，2008 (2)：75-82.

秦瑶，2012. 商业银行如何支持科技型小微企业发展 [J]. 现代金融 (3)：40-41.

陶磊，2013. 中国少数民族地区金融排斥研究 [D]. 成都：西南财经大学.

田杰，陶建平，2012. 社会经济特征、信息技术与农村金融排除：来自我国1 883个县面板数据的实证研究 [J]. 经济经纬 (1)：65-74.

田文英，2004. 机器学习与数据挖掘 [J]. 石家庄职业技术学院学报 (12)：30-32.

王锁柱，李怀祖，2004. 硬信息与软信息的内涵及其关系研究 [J]. 情报杂志 (4)：60-62.

王廷科，薛峰，1995. 现代政策性金融机构：职能、组织与行为理论 [J]. 金融与经济 (2)：11-18.

汪兴隆，2012. 论大中型商业银行小微企业金融服务模式的构建 [J]. 南方金融 (6)：79-84.

王修华，2009. 中部地区农村金融排斥的现状与对策研究 [J]. 河南金融管理干部学院学报 (3)：87-91.

王修华，邱兆祥，2010. 农村金融排斥：现实困境与破解对策 [J]. 中央财经大学学报 (10)：47-52.

王修华，贺小金，徐晶，2012. 中国农村金融排斥：总体评价、地区差异及影响因素研究 [J]. 西部金融 (1)：48-56.

王志军，2007. 金融排斥：英国的金融 [J]. 世界经济研究 (2)：64-70.

温信祥，2015. 从富国银行看大银行如何提供小微金融业务 [J]. 新金融 (1)：32-36.

武剑，2008. 论商业银行风险容忍度管理 [J]. 新金融 (5)：47-51.

谢平，邹传伟，刘海二，2014. 互联网金融手册 [M]. 北京：中国人民大学出版社.

谢欣，2010. 金融排斥：英国和美国的经济 [J]. 银行家 (7)：116-119.

徐洁，隗斌贤，揭筱纹，2014. 互联网金融与小微企业融资模式创新研究 [J]. 商业经济与管理 (4)：92-96.

徐少君，金雪军，2009. 农户金融排斥的影响因素分析：以浙江省为例 [J]. 中国农村经济 (6)：62-72.

许圣道，田霖，2008. 我国农村地区金融排斥研究 [J]. 金融研究 (9)：195-206.

许文，朱天星，徐明圣，2012. 商业银行信用风险评级理论及相关模型研究 [M]. 北京：中国金融出版社：171.

徐忠，邹传伟，2010. 硬信息和软信息框架下银行内部贷款审批权分配和激励机制设计 [J]. 金融研究 (8)：1-15.

闫俊宏，许祥秦，2007. 基于供应链金融的中小企业融资模式分析 [J]. 上海金融 (2)：14-16.

杨胜刚，胡海波，2006. 不对称信息下的中小企业信用担保问题研究 [J]. 金融研究 (1)：118-126.

袁凌，2003. 企业信用缺失的成因与治理 [J]. 湖南大学党报 (5)：26-30.

张捷，2002. 中小企业的关系型借贷与银行组织结构 [J]. 经济研究 (6)：32-39.

张泽京，陈晓红，王傅强，2007. 基于 KMV 模型的我国中小上市公司信用风险研究 [J]. 财务研究（11）：31-41.

曾康霖，2002. 金融经济学 [M]. 成都：西南财经大学出版社.

周可，王桦，李春花，2010. 云存储技术及其应用 [J]. 中兴通讯技术（8）：24-27.